人文社科
高校学术研究论著丛刊

思行合一：高校外语教师的专业能力提升与修炼

吴文亮 著

中国书籍出版社
China Book Press

图书在版编目(CIP)数据

思行合一：高校外语教师的专业能力提升与修炼 / 吴文亮著. -- 北京：中国书籍出版社，2022.11

ISBN 978-7-5068-9293-3

Ⅰ.①思… Ⅱ.①吴… Ⅲ.①高等学校 – 外语教学 – 师资培养 – 研究　Ⅳ.①H09

中国版本图书馆CIP数据核字（2022）第213204号

思行合一：高校外语教师的专业能力提升与修炼

吴文亮　著

丛书策划	谭　鹏　武　斌
责任编辑	李　新
责任印制	孙马飞　马　芝
封面设计	东方美迪
出版发行	中国书籍出版社
地　　址	北京市丰台区三路居路97号（邮编：100073）
电　　话	（010）52257143（总编室）　（010）52257140（发行部）
电子邮箱	eo@chinabp.com.cn
经　　销	全国新华书店
印　　厂	三河市德贤弘印务有限公司
开　　本	710毫米×1000毫米　1/16
字　　数	210千字
印　　张	12.5
版　　次	2023年3月第1版
印　　次	2023年7月第2次印刷
书　　号	ISBN 978-7-5068-9293-3
定　　价	82.00元

版权所有　翻印必究

目 录

第一章 高校外语教师专业能力概述 1

    第一节 教师职业及其专业化内涵分析 2
    第二节 高校外语教师的专业素质与能力 12
    第三节 高校外语教师专业能力提升的现状 18
    第四节 影响高校外语教师专业能力提升的因素 23

第二章 高校外语教师专业能力提升的理念与取向 29

    第一节 高校外语教师专业能力提升的理论依据 30
    第二节 高校外语教师专业能力提升的基本理念 56
    第三节 高校外语教师专业能力提升的基本取向 58

第三章 高校外语教师专业能力提升与修炼途径之一：实施职前职后教育 61

    第一节 探究教师职前教育 62
    第二节 完善教师入职教育 71
    第三节 发展教师职后教育 75

第四章 高校外语教师专业能力提升与修炼途径之二：构建学习共同体 … 79

第一节 共同体与教师学习共同体 … 80
第二节 学习共同体与外语教师专业能力提升 … 88
第三节 学习共同体视角下高校外语教师专业能力提升的路径 … 91

第五章 高校外语教师专业能力提升与修炼途径之三：开展教学反思 … 103

第一节 教学反思与反思性教学 … 104
第二节 教学反思与高校外语教师专业能力提升 … 115
第三节 反思视角下高校外语教师专业能力提升的路径 … 118

第六章 高校外语教师专业能力提升与修炼途径之四：依托信息化平台 … 127

第一节 高校外语教师的信息化素质 … 128
第二节 信息化与高校外语教师专业能力提升 … 132
第三节 信息化平台上高校外语教师专业能力提升的途径 … 139

第七章 高校外语教师专业能力提升与修炼途径之五：优化学校措施 … 151

第一节 改革高校外语教师人事制度 … 152
第二节 依托校本培训高校外语教师 … 159
第三节 建立完善的高校外语教师激励机制 … 166

第八章　高校外语教师专业能力提升与修炼的促进机制：
　　　　完善教师评价　　　　　　　　　　　　　　　　　　173

　　第一节　教师评价与高校外语教师专业能力提升　　　　174
　　第二节　高校外语教师发展性评价的实施程序与
　　　　　　具体方式　　　　　　　　　　　　　　　　　176
　　第三节　信息化时代高校外语教师评价的创新手段
　　　　　　——电子档案袋　　　　　　　　　　　　　　186

参考文献　　　　　　　　　　　　　　　　　　　　　　　188

第一章 高校外语教师专业能力概述

要了解外语教师专业发展,必须了解外语教师专业化及其发展的关系、外语教师专业发展的界定、外语教师专业发展意识、外语教师专业发展特点以及外语教师专业发展阶段等内容。因此,本章就对这些内容进行分析。

第一节 教师职业及其专业化内涵分析

一、教师职业

（一）教师职业的内涵

教师是一种特殊的职业，是教师通过自己的专业知识和技能履行教育教学职责，维护学生的利益，使学生健康成长的一种职业。教师的社会地位和文明程度有关系，与自身的专业知识和技能以及教学能力有直接联系。在我国《教育法》中对教师职业进行了法律界定，教师要具备规定的学历要求，具有相应的知识结构，符合与职业相称的相关规定。教师职业的职责就是教育教学，和其他人员不同，如行政管理人员、教学辅助人员等，他们没有从事教学工作，没有履行教学职责，就不是教师。

（二）教师职业的形成历史

1.教师职业的产生
（1）人类教育活动的产生促进了教师的出现
中国古代的学校经历不断的发展后，虽然也有传授射箭、剑术等技能方面的教育，有传统武艺、军事的传授者，都不是专职的教师，但不可否认的是，人类早期教育的出现为教师职业的产生奠定了重要基础。
（2）社会生产力的发展推动了教师职业的产生
随着社会生产力的不断发展，人们的生产经验和生活经验越来越丰富，各行各业的专业化程度也越来越高，由此也促进了专业化知识体系的逐渐形成，出现了如天文、地理、算术、历史、医学和教育等专业。

2.教师职业的发展

（1）在数量与质量方面的发展

随着我国教育体制的深入改革，对教师工作者提出了较高的要求，教师队伍的建设既要满足数量上的需求，同时也要在质量上有所提高。教师既要有良好的知识结构和较高学历，同时还要有胜任教育教学工作的能力。21世纪以来，我国全面提高教师队伍的规格标准，在现实办学条件下逐步扩大培养规模，提高办学质量，培养高层次、高学历的教师队伍。但从我国教学的发展现状来看，教师还存在数量少、业务水平不高、综合素质较低的问题，尚且不能满足教学改革的需要和社会发展的需要。

（2）在技能与能力方面的发展

21世纪，促进学生身体健康、增强学生体质的教学观念越来越受学校教育工作者的重视，教师的技能也随之发生变化。教师的技能和能力随着社会经济、政治、教育等方面的发展而不断提升，教师的知识、技能与能力结构也不断发生变化。随着教师社会角色的变化、教育专业化的要求以及知识的海量增长，必须重视提高教师的综合素质，提高教师队伍的整体水平，从而推动我国教育事业的发展。[①]

（三）教师职业的劳动特点

1.复杂性

教师的劳动非常复杂，这是由教育过程、教学对象这些复杂的因素所决定的。教学过程中又包含教学内容、教学方法等要素。因此，教师劳动的复杂性是由各个教学因素所决定的。

第一，教师面向人（学生）开展工作，人是复杂的生物，有思想、有个性、有感情、有主见，不同学生表现出不同的一面，多样化的教学对象增加了教师劳动的复杂性。

第二，在教育活动中，教师可采取多种多样的方式与途径来积极教育和

---

① 朱峰，宁雷.21世纪教师[M].沈阳：东北大学出版社，2009：23.

影响学生，这些教育方式本身就是复杂的，从而使得教师的劳动也是复杂多变的。

第三，教学内容本身所具有的专业性对教师教学的技巧与能力提出了较高的要求，也增加了教师劳动的难度。

2. 繁重性

现代社会发展对教师职业提出了非常高的要求，教师因而面临着艰巨的教学任务，从而决定了教师劳动的繁重性。现代教育改革要求教师要培养德、智、体、美、劳等多方面素质全面与协调发展的人才，教师既要向学生传授课本知识，培养学生的文化知识素养，又要培养学生的思想品德，关注学生的健康；既要在课堂上传授知识与技能，又要在课余时间组织课外活动并带领学生参与；既要对学生的校园学习与生活给予全方位指导，又要对学生的校外生活与交往予以关心和引导。可见教师的任务多么艰巨，教师必须付出大量的时间、精力和心血才能完成好这些任务。

3. 高度责任性

教师劳动具有高度责任性，表现如下。

第一，教育事业是面向未来的宏伟的创造性事业，国家的可持续发展直接受教育水平与质量的影响，因此政府和人民都对伟大的教育工作者寄予了厚望。

第二，教师从事育人工作，肩负培养优秀人才的重任，教师劳动的质量与学生的前途息息相关，所以学生与广大家长对教书育人的从业者有很高的期望。

教师身上背负的重任和使命使教师产生了高度的责任感，当然也增加了教师的心理负担。

4. 长期性和连续性

人的身心发展规律与特点以及教育的规律性决定了教师劳动的长期性和连续性，表现如下。

第一,人的成长是伴随人一生的,人不可能短期内就实现各方面的成长与发展,这是由人的身心发展特点所决定的。不管是掌握知识,树立观念,还是培养习惯,都需要长期的努力和反复的实践。因此,教师的劳动是长期的,教师要在长期的教学生涯中对学生的综合素质进行培养。教师的劳动必须是持之以恒的,只要在岗一日,就不能间断,不能松懈,更不能脱离工作。教师要有长期的教学计划和方案,要按照计划有序开展教学工作。

第二,我们在长期的教育教学实践中总结出了重要的教育规律与教育原则,其中典型的"循序渐进"教学规律与原则就充分反映了教师劳动的长期连续性。

5.感染性和示范性

教师在工作中要将自己的各种特性发挥出来,将此作为手段去影响学生,感染学生,从而使学生的身心、智力等发生积极的变化,这是教师劳动与其他劳动不同的地方。从教师劳动的这一特殊性来看,教师既是劳动者,也是劳动手段。教师应该是有知识、有技能的劳动者,否则其不可能利用自身特性这个手段去影响学生,使学生发生预期的变化。集劳动实施者及劳动手段于一体的教师对教学质量和效果有决定性影响,因此教师必须提升自己的专业业务能力和各方面的综合能力,要充分发挥自己的"工具"价值,取得良好的育人效果。

教师劳动具有示范性,教师培养学生的思想品德,向学生传授知识和技能,首先自己要有良好的道德品质,要掌握丰富的知识和熟练的技能,这样才能给学生做出很好的示范。思想品德、知识、技能不仅是对学生的要求,也是对教师的要求,是教师应该具备的特质。青少年学生善于观察和模仿,会受到教师世界观、行为方式、言谈举止等各方面的潜在影响。所以,教师要给学生树立一个良好的榜样,要给学生做出正确的示范,要用具有感染力的教学去积极影响学生。

6.创造性

教师的劳动同样具有创造性。苏联著名教育家马卡连柯说过:"教育学是最辩证的、最灵活的一种科学，也是最复杂、最多样化的一种科学。"[①]教师劳动的创造性表现如下。

第一，教师在教书育人的过程中不停探索学生的内心世界，总结学生的成长成才规律，并根据学生的个体差异而因材施教，创造适合不同学生的教育方法，促进全体学生的进步与发展。

第二，学生的成长成才及全面健康发展受到校内外、主客体等多方面因素的影响，教师在教育工作中要善于将积极的影响因素利用起来去培养学生，同时也要巧妙化解与消除不利因素的弊端。教师对各种影响因素的运用讲究"巧"和"新"，不能用一套固定方式去不加选择地利用所有因素，而要在综合判断、准确预测的基础上对各要素进行巧妙利用，并不断创造新颖的教育环境来积极影响学生，这对教师的创造劳动能力是一个很大的考验。

（四）教师的职业角色

1.知识传播者

教师是学生掌握知识技能的真正引导者，启发学生探索真理、主动学习，培养学生良好的自主学习习惯。教师熟悉教材传授知识，同时整合信息并制作电子课件，供学生学习之用。教师还通过计算机及网络技术发布自己的研究成果和开展各种讨论、交谈或咨询等活动，活跃教学氛围，传播知识技能。

2.科研者

先进的教学媒体部分替代了教师传播知识的传统途径，教师的教学形式也发生了变化。这种变化来自教师的科学实践与科学研究，通过研究创造出各种教学方法，使教学变得更有效。教师开展创造性教学活动依靠的就是科研意识和科研能力。在信息化社会，教师要更好地发挥创造力，更好地为教

[①] 赵顺来，车锦华. 体育教师学[M]. 北京：中国科学文化出版社，2003：37-47.

学服务。教师要成为科研型人才，不断适应未来的教育。①

二、教师职业专业化

（一）教师职业专业化的内涵

"专业"，直接看字面意思就是专门从事某种学业或职业，从社会学角度看，专业就是受过专业教育或训练，具备高度的专门知识和技能，按照一定专业标准进行专门化的处理活动，有别于其他普通的职业，解决人生和社会问题，促进社会发展，获得相应报酬待遇和社会地位的专门职业。专业是一种社会分工、职业分化的结果，社会分化的一种表现形式，人类认识自然和社会发展达到一定程度后就会出现专业。

教师所从事的教育教学工作对从业者的要求比较高，具有独特的专门知识、技能和修养，教育教学活动是比较复杂的一项培养人发展的职业，要求从业者具备比一般人更加丰富的、全面的、多样的学科知识，作为提供教育教学的原材料，同时还要掌握普通大众不需要或者不用系统了解的教育教学知识、技能和教育教学规律。

教师专业需要教师能够认识学习规律、社会发展的规律，掌握各种主客观教育教学条件的知识，利用知识和规律编写教学内容，组织教育教学活动的技能。如果不具备这些知识和技能，很难胜任教师的工作。

（二）教师职业专业化的意义

教师职业专业化的社会现实意义如下所述。

---

① 曲宗湖. 体育教师的素质与基本功[M]. 北京：人民出版社，2002：15-16.

1. 提高教师的专业知识与专业技能

在当代社会中,由于高等教育课程和教育教学知识的大幅度扩充,在教育教学改革的过程中,教师不但要应对社会和时代的变迁作出相应调整,同时也要面对因知识的迅速增长而带来的一系列问题。在这种情况下,教师就必须不断地充实自己的专业知识,提高自身的专业能力。

总而言之,教师必须对与日俱增的专业知识进行必要的了解和应用,以确保教育教学工作的顺利进行以及高等教育的高质量发展。

2. 满足教师自我革新的需求

在当前阶段,教师就职以前一般都会进行一定的职前培训。但是,由于知识的日新月异,社会的急剧变化,科技的迅速发展,社会对高校教师的角色有了更多更新的期待和要求。因此,职前教育难以满足高校教师所有的工作需要,教师必须不断地进步,提高自身的专业发展水平,才能更好地适应社会对其提出的各项新要求。

总的来说,当代教师已经从知识的"传授者"转变为知识的"开发者""研究者",教师专业发展正可以满足教师职业生涯发展的客观需求。

3. 提升教师的教育品质

我国要发展高质量的高等教育事业,就必须要实现教师专业发展,这是发展优质高等教育的一条重要途径。教师通过自身的专业发展,可以提高专业能力,进而实现教师专业化。

客观来说,教师专业发展的一个主要目的就是强化高校教师的发展与更新,进而借助教师教育品质的提升增进学生的知能,促进学生的学业发展。由此可见,教师的专业发展对于我国发展高等教育事业有着重要的促进意义。

三、教师的专业化发展

（一）教师专业化发展的概念

关于教师专业化发展，国内专家学者有着不同的理解。

呼伦贝尔学院朱玉东教授认为，教师专业发展是伴随教师一生的专业素质成长过程，是教师专业信念、专业知识、专业能力、专业情意等不断完善的过程。

华东师范大学唐玉光教授指出，教师作为教育教学专业人员，要经历一个由不成熟到相对成熟的发展历程。成熟是相对的，发展是绝对的。教师专业发展空间是无限的，发展内涵是多层面的，包括知识、技能、能力、态度、情谊。

华中科技大学朱新卓教授认为，教师专业发展是教师基于知识、技能和情谊等专业素质提高的专业成长过程，是由非专业人员转向专业人员的过程。

还有的学者认为，教师专业发展包含两方面的含义：一是如何增进教师专业化，提高教师职业素养的过程；二是强调教师的自我觉醒意识，认识到教师作为教育教学的专职人员，有特定的行为准则和高度的自主性。教师专业发展贯穿整个职业生涯，但不仅是时间上的延续，更是教师心理素质的形成与发展过程。

由上可知，教师专业发展是以教师个人成长为导向，以专业化或成熟为目标，以教师知识、技能、信念、态度、情意等专业素质提高为内容的教师个体专业内在动态持续的终生发展过程，教师个体在此过程中的主体性得以充分发挥，人生价值得以最大限度实现。

如欲获得教师专业发展的本质认识，还需要厘清教师专业发展与教师专业化、教师专业素养的结构、教师专业发展的主动性等基础性问题。

第一，教师专业发展与教师专业化。教师是一门古老的社会职业，但职业不能等同于专业，因教师职业的特殊性等因素影响，其专业性地位在长时间内受到多方质疑或争议。由此，20世纪60年代开始，在要求大力提升教师素养的背景下，欧美国家兴起了争取教师专业地位及相应权利和教师专业能力的教师专业化运动，但在运动中由于片面追求教师群体的专业地位及权利，却忽视了教师个体关键的教育实践能力的发展，从而导致活动到20世纪80年代前，并未取得实质性进展。20世纪80年代后，各国在加强教育改革中，充分认识到教师在改革中的关键作用，从而对以前忽视教师个体专业发展的做法进行批评和反思，促使教师专业化的目标重心从专业地位与权利的诉求转移到教师专业发展之上，成为教师专业化的方向和主题。随着促进教师专业发展的各种活动开展，人们越来越认识到，提升教师专业地位的有效途径是加强教师教育，促进教师专业发展，只有不断提高教师的专业水平，才能使教师成为一种受人尊敬和具有社会较高地位的职业。

第二，教师专业素养结构。教师专业发展应朝向哪些内容和目标？如何评价教师专业发展的效果？如要解决这些问题，必须清楚教师专业素养的结构问题。关于教师的专业素养内容，众多学者对其进行了研究，比较具有代表性的有：叶澜的专业理念、知识结构、能力结构；[1]林瑞钦的所教学科的知识（能教）、教育专业技能（会教）、教育专业精神（愿教）；[2]曾荣光的专业知识、服务理想；[3]申继亮、辛涛的职业理想、知识水平、教育观念、自我监控能力、教学行为与策略[4]等。作为一名优秀的教师应具备多方面的专业素养，概括起来主要包括三个方面：专业知识、专业技能和专业情意。

第三，教师专业发展的主动性。从已有研究关于教师专业发展的概念中，都忽视了教师发展意愿的问题，几乎一致把教师会主动发展作为预设前提。但现实中教师的存在方式是多元化的，主要有"生存型""享受型""发展型"。其中，生存型的教师面对生活的各种压力，是否有强烈的意愿关注自身的专业发展呢？由此，在涉及教师专业发展的概念界定时，需要特别注意教师现实的生存方式与生活环境的前置条件，调动发展的主动性。

---

[1] 叶澜. 新世纪教师专业素养初探[J]. 教育研究与实验, 1998, (1): 41-46.
[2] 林瑞钦. 师范生任教职志之理论与实证研究[M]. 高雄:复文图书出版社, 1990: 65.
[3] 曾荣光. 教学专业与教师专业化:一个社会学的阐释[J]. 香港中文大学教育学报, 1984, (1): 23-41.
[4] 申继亮, 辛涛. 教师素质论纲[M]. 北京:华艺出版社, 1999: 30.

（二）教师专业发展的特点

1. 专业自律：共同发展，专业分享

教师这一职业在专业发展上更容易陷入单打独斗的境地。而教师如果缺乏融入专业集体的自律态度，就易于造成其专业发展中缺少互动对话、分享以及反思，其专业发展中经常充斥着无力感、无意义感。教师专业共同体的建设是促进教师专业自律的有效途径，进而在促进其专业发展中发挥作用。

（1）自觉寻求专业发展中的资源共享

教师这一职业的专业发展比其他任何职业更明显地需要对话和分享。每位教师作为一个独立、独特的个体，都在其独有的学习和工作经历中形成了具有鲜明特色的知识及经验结构。同一门课程的教师，同一个专业研究方向的不同教师，其在教学内容处置、教学方式方法以及科研思路等方面的表现也不尽相同。专业发展中的资源互补，有利于教师完善其专业能力，促进专业反思。

（2）专业知识结构深化和完善

受到建构主义理论的知识观和学习观影响，对话、协商和分享在个体知识学习和经验成长中扮演着极其重要的角色。教师能够通过互助式的伙伴关系自觉寻求支持与引导，深化和完善自己的专业知识结构。

（3）专业知识与经验分享

在教师专业发展中，教师获得了与经验教师和专家型教师进行互动的机会。多种通道和互动方式促进了彼此分享各自的想法、观点和信念，进而丰富了教师的知识经验体系。专业知识与经验分享会让教师在这种互惠互利的氛围中坚定其专业发展决心。

2. 道德自律：自我反思

教师工作是一种特殊的专业劳动，赫尔巴特很早就指出了教育教学活动的教育性。没有任何一项社会活动能像教学这样和人的道德活动紧密相关。教师的道德自律是指教师能够严格按照职业道德要求，对自身职业形成良好的自我调控，并能自觉履行相应职责。教师的道德自律发起于具有他律特征的各项学校规章制度和社会诉求，形成于自身不断的教学生活中，完善于深入理解教育之后。道德自律一旦形成，就会成为教师自我行为的一种指导原则，影响着教师的教育教学活动和自我道德成长。通过自我学习、自我锻炼，使教师有机会通过与有经验同伴进行经验分享，不断自我反思进而将外在规约内化为自主诉求，构建道德自律。教师道德自律的形成有赖于教师能否正确地认识自我，以及自我与环境之间的关系；有赖于对自我责任、义务的正确认识；有赖于对自我优缺点、自我修养的正确认识。教师通过不断自我反思，以及直接经验和间接经验的获得逐步正确评价、发展自我，形成正确的道德自律。

第二节　高校外语教师的专业素质与能力

一、高校外语教师的专业素质

（一）专业道德素质

外语教师专业道德包含着对外语教师各项标准的要求，是外语教师各种素质的综合表现，是外语教师专业发展的内在要求。相对于外语教师的职业道德来说，外语教师的专业道德更强调专业性与主体性。

1. 专业精神

外语教师在教育教学活动中的价值取向和追求即为其专业精神。外语教师的专业精神直接影响着自身的行为及其结果。为此，它要求外语教师具备：高度的教育责任感，将教育作为自己神圣的职责；精益求精的工作态度；甘为人梯的服务精神；清晰有效的反思意识，不断实现自我超越；拥有坚定不移的专业信念。

2.道德品质

这主要包括以下几个方面。第一，爱岗敬业，奉献社会。第二，热爱学生，教书育人。第三，求知创新，严谨治学。第四，团结协作，关心集体。第五，以身作则，为人师表。

3.专业自律

外语教师要表现出一定的"角色敬畏"。外语教师的角色意味着其所承担的道德责任和义务，而通过"角色敬畏"，使外语教师在教育教学活动中"有所为有所不为"，体现道德责任感和道德使命感。外语教师的专业自律还要求其体现一定的"教育良心"，使高校外语教师对自己的教育教学行为进行自主控制与调节。

（二）专业知识素质

外语教师专业知识结构既包括外语教师公共性的知识，也包括外语教师个体的知识，是带有若干鲜明特点的个体性知识和公共性知识的有机统一体。外语教师的专业知识发展内容包括扎实的政治理论知识，优秀的外语教师必须具有精深的专业知识。只有这样，才能准确、系统、有效地把知识传递给学生；广博的相关学科知识，"学校及其所从事的一切活动赖以确立的基础，就是每个外语教师多样化的知识、丰富的智力活动、宽阔的眼界和在学识上的不断提高"；系统的教育科学知识，不仅有利于外语教师获得教育教学的成功，还有利于外语教师不断完善自身的道德修养，增强职业志趣和信心，提高自身的情绪和心理状态，实现自身的不断向前发展；丰富的管理科学知识，外语教师是班级的直接管理者，班级管理的好坏与国家教育方针、学校教育计划、培养目标等的实施情况有着密切联系，为此，外语教师要不断丰富自己的管理知识，加强班级管理的科学性和主动性，提高管理的质量。

另外，外语教师应该不断积累自身的实践性知识，重视教育经验反思，培养教育情境敏感性，倡导教育叙事研究，关切教育情感体验。只有这样，外语教师才能全身心地投入教育教学中，不断实现自身的发展和提高。

（三）专业能力素质

外语教师专业能力指的是外语教师在专业实践中，以教学能力培养为内容，以专业能力发展为起点，经过专业意识及生成能力和专业调试能力的积累，从而使新专业能力结构不断生成、扩张和发展的螺旋式提升过程。为此，外语教师要不断提高自己的专业教学能力和专业实践能力，实现以下方面的发展。

第一，具备敏锐细致的观察力。通过观察更好地把握学生的心态，对学生做出更加客观的判断，从而能够进行有针对性的教学。

第二，准确清晰的记忆力。不仅对有关教育教学的知识有良好的记忆，对全班学生的各种情况也要有准确的记忆。

第三，具备多方位立体思维能力。对事物能够进行客观的分析、综合、抽象和概括，提高自身思维的独立性、广阔性、准确性和创造性等，以全方位、多层次、多渠道地对学生进行教育。

第四，具有较强的组织管理能力。

第五，具备较好的语言表达能力。

第六，具备一定的自我调控能力，使自身保持良好的情绪心理状态，用理智支配自己的情感，做到语言、行为合情理、有分寸。

第七，具备灵活应变的能力，外语教师在教育过程中遇到突如其来的偶发情况，要能够正确、迅速、敏捷地进行判断和恰当处理，从而取得良好的教育效果。

第八，具备一定的交往协调能力，外语教师要做好与学校、家长和学生的协同工作，将课堂教学内外与校内外教育影响的方向和步调保持一致。

第九，具备一定的教育科研能力，这是外语教师的必备能力素质之一。外语教师要在教育管理工作中有意识地开展调查研究，总结、积累教学经验和资料，进行教育管理实验探索，坚持进行教育科研，以提高自己的科研能力。

第十，具备较强的创造能力，外语教师在借鉴前人发展先进经验的基础上，大胆进行工作方法改进，从中发现新的规律、新的观点和具有创造性的教育教学方法。

（四）专业心理素质

外语教师专业心理指的是外语教师在教育教学实践中生成和积淀的，与学生身心发展状况有密切关系的，影响教育教学效果的心理素质的有机统一体。优秀的心理素质有利于外语教师调动和发挥自身的积极性，激发学生的主观能动性，以取得良好的教育教学效果。为此，高校外语教师要促进自身以下几方面专业心理的发展。

第一，发展自身的专业心理素质，包括良好的职业道德心理素质、教学心理素质、辅导心理素质。

第二，发展自身的人格心理素质，包括端正自身的需要与动机，培养良好的性格，提高自我调控能力等。

第三，发展自身的文化心理素质，要善于运用一定的方法和策略学习新知识和新技能，通过学习提高自身的实践创新能力。外语教师还要努力提高自身的文化素质，完善自身的个性和人格心理品质。

第四，发展自身的社会心理素质，认识到自身角色的多样性，学习掌握各种社会角色期待和角色情境判断，提高扮演多重角色的社会心理素质；建立良好的人际关系，具备良好的交往心理素质；提高自身在教育教学活动中的计划、决策、组织、指挥、监督、调控等方面的素质与能力。

（五）专业人格素质

一个人的人格能够很客观地反映出其整体心理面貌。外语教师的人格形象能够体现出外语教师在教育教学活动中的整体心理面貌和心理特征。具体来说，外语教师的专业人格包括外语教师对学生的态度以及外语教师自身的气质、兴趣等方面。外语教师要实现自身的专业发展，就应该形成外语教师的专业人格，为专业的发展奠定良好的心理基础。

苏联著名教育家苏霍姆林斯基认为，从本质上来说，教育教学过程就是师生之间在心智和情感方面的沟通和交流过程。教育是人与人心灵上最微妙的相互接触，学生会因为外语教师的人格形象来对外语教师进行判断。

理想外语教师的人格应该符合善于理解学生、和蔼可亲、真诚质朴、开朗乐观、公平正直、宽容大度、兴趣广泛、意志力强、诙谐幽默等方面的要求。高校外语教师专业人格的建构，是在教育教学过程中逐步形成的。外语教师在长期教育实践中，通过对教育、对学生、对自我的深切感悟理解，对职业道德和教育理想自觉追求的内化，可以使自身的外语教师专业人格逐步达到成熟。

（六）专业思想素质

从客观角度来说，专业思想是判定一个人是否属于一个专业人员的重要依据，也是现代外语教师与以往外语教师相区别的显著标志。所谓外语教师的专业思想，就是指外语教师在理解教育相关知识的基础上所形成的教育教学思想。外语教师在教育教学工作中，要做到以专业思想作为行动的世界观与方法论。外语教师的专业思想为其专业发展提供了理性支点和精神内核，对于外语教师成长为一个教育教学专业工作者有着重要的影响。

客观来说，教育专业思想是动态发展的，是不断演变的。因此，每一位外语教师都必须不断地总结教育教学实践，以此形成符合自身发展特点的、体现个人风格的教育专业理念、专业思想。在不断发展变化的现代社会中，外语教师应该树立终身学习的观念，促进自身专业思想与时代的发展要求相接轨。

二、高校外语教师的专业能力

（一）崇高的职业道德素养

教师不仅以自己的语言影响学生，而且教师的行动、行为实践更是无声的教育和最有影响力的楷模，教师的一言一行、一举一动都对学生具有重要的感染作用。教师的思想道德修养和行为规范，既要体现时代的风貌特征，又要体现中华民族的文化传统，把二者科学有机地融合起来，更好地担起学生健康成长指导者和引路人的责任，以自己良好的道德修养熏陶影响学生。同时，教师都应时时刻刻关心、关爱、尊重每一位学生，发现每位学生身上的闪光点，耐心教导，细心培养，激发学生对外语学习的热情，树立学习的自信，健全性格人格。

（二）精深的语言文化素养

外语课兼具"人文性和工具性"的特点，教师要在进行深入浅出的课文文本解读基础上，在语言、文化、情感等多层面展开与学生之间的互动与交流。为了实现外语的"人文性与工具性"特点，外语教师也应不断提高自身的语言文化素养，不厌其烦地监督、纠正自己语言上的错误，时刻保证语音正确、语调有度、语流自如，课堂上教师有一口流利的外语无疑会激发学生的学习兴趣和热情，学生会从最初的羡慕、钦佩到后来的跃跃欲试，信心增强，并通过日常操练、互动、练习与交流逐步提高自身的语言水平。同时，教师应不断加强学习，保证自身语法与拼写等方面的正确性，只有这样，教师才能对学生的语法、拼写等严格把关。另外，加强对母语以及中西文化的学习，帮助学生培养较好的跨文化交际能力，激发学生的爱国情怀。

（三）灵活的信息融合素养

随着学科核心素养的提出，教师更加关注学生的全面发展，同时也需要适应信息时代对课堂的要求，加大信息技术与外语学科的融合，将线上线下教学、微课、慕课、混合式教学等新媒体、新技术科学、合理、有效地与现行教学深度融合。突破传统教学方式的限制，及时获得各种信息反馈，利用新媒体技术激发学生的学习热情，让学生在感受新媒体技术为外语课堂带来福音的同时，充分利用各种教学资源，提高自主学习能力和思辨能力。

（四）自主的专业学习素养

外语教师应具备持续自主的专业学习能力，加深对新课程改革的认识，深入了解新课程的教学大纲、知识体系，准确把握外语课程教学规律；多读多练多听，加强基本功练习，参与假期业务培训；积极参与各种与外语教学有关的研讨会、培训会，提升自己的语言水平，提高自身对新课程体系的理解，提高实践新课程的能力；积极参加各种相关讲座，培养教师的跨文化交际意识；积极参与教研室活动，尤其是教研组组织的教师之间的集体备课、讲课、评课活动，取长补短，探讨更科学合理的教学方式和手段。

第三节　高校外语教师专业能力提升的现状

一、身份不明确

对高校外语教师进行职业与身份的确定，是提升教师教学水平、教学力量的一项重要前提。在我国当前的高校中，教师的身份存在不明确的情况。正是这一原因的存在，很多从事高校外语教育职业的教师尤其是大学公共外语教师处于十分尴尬的境地。尤其是随着全球化、国际化进程的加快，高校外语教师的身份就变得更加模糊，一些专职的外语教师正处于"无家可归"的状态，且这种身份不明与夹缝生存的境地也成为高校外语教师的一块心病。

这就是说，高校外语教师的群体虽然庞大，且有着特殊的教育意义，但是这一群体至今没有明确的身份，这就导致高校外语教师的成长空间、实践空间、社会空间、学术空间等受到了极大阻力。从高校外语教师专业发展的角度来讲，他们身份的不明确会影响他们的价值取向、心理归属及专业水平、进而会影响他们的教学质量。

二、力量分散

如前所述，我国高校外语教师的规模非常庞大，但是整体效果却不尽如人意。这是因为，教师往往各自为战，力量非常分散，他们缺乏系统性的互动与交流沟通。这也是导致高校外语教师专业发展不足的一项重要原因。

无论是对于不同高校的外语教师而言，还是对于同一高校的外语教师而言，基本上都是自己承担自己的责任，这就是所谓的各自为战，他们彼此缺乏学术、教学等层面的沟通与合作。

随着"国培计划"的实施及其辐射带动，大学、独立的教育学院、教师进修学校、各地教研室、中小学一线之间逐渐实现了一定层次的合作与来往，但是就活动开展的实质层面来说，他们仍旧缺乏深度的交流与合作，大多呈现的是"一锤子买卖"，彼此之间缺乏整体与互助意识。

这种状况带来的直接后果就是教师之间仅仅为了生存而恶性竞争，同时外语教师的资源开发、团队组建等不畅，教师教学循环重复，对学生而言，达到的实际效果不强。

三、以自我为中心

对于高校外语教师而言，他们的职责在于为学生提供外语层面的学习帮助与支持，也就是外语学习的引导者。这就要求高校外语教师应该具备较高的素质与能力，而要想达到这一点，首先必须明确自身的成长情况，对高等教育脉动能够及时把握与了解，从而知道从什么层面帮助学生。

很大程度上来说，外语教师是为学生的外语学习而存在的，对学生的学习、思考、研究等有着重要的意义。不得不说，高校外语教师首先就应该是一名出色的、合格的教育实践者与自我发展者。但是问题就在于，很多教师并没有明确自身存在的价值与意义，心中也并未将学生当回事，无论是课堂教学，还是课下做报告，无论是做现场的指导，还是课下实践的参与，往往都未注重学生的学习情境，也并未对具体问题进行具体分析，习惯以自我为中心，这样强迫学生接受、仅凭己意的做法显然是欠妥的。

正是由于教师缺乏关心学生的情怀，一些教师很难受到学生的欢迎与支持。高校里的学生对外语课程的学习兴趣也不高，导致外语教学的效果较差。

四、能力不济

教师的工作具有恒常性，具有时代感与现实性，且教师的专业发展又是建立在具体的教学实践中，面对他们的是多种需求，因此高校外语教师是教育系统中的能动元素。但事实上，当学生接触了越来越多的东西，见识也越来越广泛，他们的自觉意识会逐渐提升，加上互联网对外语教学模式的冲击，导致一线的外语教师面临越来越多的困惑，很多教师无所适从，仅仅简单应付。出现这些情况的原因有很多，如教师缺乏学术支撑、继续学习能力不足、精力不能集中等。

教师的专业发展需求是处处存在的，如果教师对发展中的现实问题不能及时做出回应，教师实践中的问题也未能与他人进行交流，就会导致教师们的激情冷却。能力对于教师而言是看家本领，如果他们的能力缺乏，掉链子，不仅是对自己造成影响，还会对整个教学质量造成影响。

五、发展无力

外语教师要想帮助学生发展，首先需要让自己发展。教师专业发展的力量不仅来自个人的坚持，还需要外部条件的支持。就当前来说，高校外语教师群体并未受到相关部门的应有重视，教师没有明确的学科依托，也未形成学习共同体，仍旧在各自的岗位上独自奋斗。国家对他们既没有政策支持，也没有完善的规范管理，因此教师的专业发展无力。

无论是在高校内，还是高校外，教师的地位趋于边缘化，就连教学研究者也不愿意花费过多的精力于此，这种氛围不利于教师的专业发展。即便有些教师做得不错，在学生中的反响很好，但是真正将外语教学作为事业，甚至将其融入自己生命之中的很少，很多时候都是不得不做，缺乏内在的动力与激情，一些甚至仅是为了维持现状。这都是高校外语教师专业发展无力的表现。

六、缺乏进修机会

很多调查显示，高校外语教师很少有出国或参加国外外语教学研讨会的经历，但是调查表明教师特别渴望高层次和针对性强的进修。繁重的教学任务使很多教师产生强烈的进修需求。脱产出国进修、国内访学、参加学术会议、减轻工作量在职进修、利用寒暑假进修等是教师们期待的进修机会。由于国内外语专业的博士点较少，而高校外语教师队伍又很庞大，使得外语教师要继续深造攻读博士学位的几率较少。

教师进修途径是非常有限的，很多高校外语教师能够参加的培训活动，往往都是由国内几家大型教材出版社每年组织的寒暑假短期而又缺乏系统性的专业培训。而真正由各级政府部门或专业机构系统组织安排的旨在实质性提高外语教师专业素质的培训则为数不多，且由于时间、地点、经费等限制，教师参与度有限，难以满足所有教师的进修需求。

另外，目前国内的高校外语教师专业技能培训还停留在提高语言能力和教学技能、技巧的层面上，离全面提高教师专业素质的目标和要求还有一定距离。

七、教学理念与课堂行为不完全一致

著名学者周燕和楼荷英等人认为，教师的教学理念与他们所认同的教学方法相符，但其课堂教学行为与教学理念和方法有时却不一致。部分大学外语教师教育经验和理论素养不足，缺乏对教与学关系的辩证理解，在教学中带有很大的主观性、经验依赖性以及各种不确定性，且教师的理论与实践之间依然存在一定的差距。不少大学外语教师尚未运用国内外先进的外语学习理论，课堂依然是以教师为主的传统讲授，学生接受的也是较封闭的以应试为主的教学，大学外语课堂内容和形式均缺乏创新；有些大学外语教师不自觉地在外语课堂扮演着"语言讲解者"和"语言示范者"的角色，忽视了语言中的文化因素对学生的影响和熏陶；还有些外语教师在课堂上的语言运用能力、教材处理能力以及协调实际课堂等方面的能力有待提高。

八、科研水平偏低

科研是长期的、循序渐进的过程，需要不断在实践中摸索积累，而高校教师科研水平的高低又是衡量其专业化发展的必要指标。从我国外语教师的科研情况看，尽管近十年来，高校外语教师在申报课题、发表论文、编写教材、接受各种形式的继续教育方面总体发展趋势较好，但有相当数量的从业人员还对外语教育理论、原则非常模糊，这说明教师对科研能力在教学和教师自我发展过程中的作用认识尚显不足。

杨忠等人认为，我国高校外语教师的科研水平偏低的主要原因有：学科知识结构不够合理、跨学科知识结构不够全面、缺乏科研意识和科研精神、科研时间少、科研环境欠佳等。不少大学外语教师只专注于一线的教学，不具备必要的科研理念，也没有掌握一定的科研方法，而且对科研在教学和教师发展过程中的作用也认识不清，对他们来讲，搞科研实为无奈之举，是为年度考核或提职晋升所迫，而以提高教学质量和充实提高自身业务水平和综合素质为目的去做科研的教师数量更是少之又少。

我国的高校外语教学是高素质人才培养的重要组成部分，对国家的政治、经济、科技、文化等领域的发展起着重要作用。在现今外语教学全方位改革的新形势下，大学外语教师的职业发展面临着前所未有的改革机遇。因此，开展对我国高校外语教师专业发展的研究，寻求适当的专业发展有效途径和模式，帮助高校外语教师及时调整和完善自我，具有一定的现实意义。

第四节　影响高校外语教师专业能力提升的因素

一、教师的内在需要

美国动机心理学家马斯洛认为，人的一切活动都是由需要引起的，需要是人的价值取向根源和行为的内在动机。需要是主体实现行为目标的内在动力，需要感越强烈，行为动力就越强，行为效果就越好。教师需要的产生、发展及其满足的过程与人的需要产生、发展及其满足的一般规律相符合。所以，我们可以这样说，需要是教师专业发展的内在动力。探讨和了解教师需要的特点和规律，并予以正确对待，可以有效地促进教师的专业发展。根据马斯洛的需要层次理论和教师职业本身的特点，我们可以把教师的需要分为两个部分，即生存需要和发展需要。

教师是一个个生活在现实、具体环境中的人。与普通人一样，教师有维持正常生活的基本需要，也必须面对诸如衣食住行、身体健康及子女入学等一系列问题。教师的生存需要主要表现为在生活中对物质利益的追求。这是教师的基本需要，也是教师专业发展的必备前提。保障教师的基本需要，是教师人权的基本要求，也是教师完成教育任务和实现专业发展的根本动力源。当一个人选择教师作为其职业时，无论他对这个职业有多么崇高的追求和热爱，其前提都必须是他能依赖这个职业生存下去，并获得社会对教师职业的认可和保障。教师不是一个孤立的群体，当他们在与其他行业人员的比较中发现自己的现状不尽如人意时，难免会产生一些失落感，并可能由失落感萌生种种影响工作积极性的想法。这个"物质需要"除了指教师赖以生存和发展的物质基础，如工资水平、社会福利、工作条件，还包括教师这个群体所要求的基本精神因素，如教师对自尊、荣誉的需要，对教师基本权利和社会地位认可的需要等。而且这个"物质需要"随着社会的发展与进步，也在向更高层次发展着，这些都是正当的需要，应该适当地满足。因此，国家应该加大教育投入，改善教师待遇，减小教师收入与其他相关行业的"落差"，让教师职业真正成为体面的职业；学校管理者也要研究现有条件下如何有效激励教师、鼓舞士气，唤起教师的内在动力。

教师发展的需要指的是教师对自身超越的需要。这既是客观社会对教师提出的要求，也是教师实现自我价值的主观追求。因为"人不是一种由外部条件盲目支配和随机支配的存在物，他的本质特征在于他始终具有一种基于现实又超越现实的指向性，现实存在的一切永远不能满足人，人永远要去改变它。人的存在价值不在于接受和适应已有的一切，而在于为'改造''超越'的目的而善于利用已有的一切"。教师的发展需要主要表现为对专业发展的需要，包括教育信念的增强、教育技能的提高、对所任教学科知识的不断更新拓宽和深化，以及对自己在课堂上为何这样做的原因意识的强化等。

教师作为教育者的专业发展需要是教师的关键动力源。作为职业的人，教师在教育教学中需要体现教师特有的专业需要即专业尊严和专业自主。教师的专业尊严主要指教师应受到学生的尊重，这要求学校管理者创设一种良好的校风。需指出的是，强调尊师并不是否定师生关系的平等、民主，而是着重于对教师职业人格的维护。教师的专业自主主要是指其从事学科的独立性不受本学科以外人员的干预。教育是一项公共事业，但教师是专业工作者。公共事业需要政府保障和公众支持，但对于教育专业领域内的工作，如教师的教学、教育工作，公众在要求教师承担责任的同时，必须不侵犯其专业自主权。这要求学校管理者赋予教师本校范围内的学科话语权，充分发挥教师的主体参与作用，并为教师的专业成长提供帮助。

二、教师的反思精神与能力

教师的反思精神和能力是其专业发展和自我成长的核心因素，被广泛地看作教师职业发展的决定性因素。美国心理学家波斯纳就提出过教师成长的公式：成长=经验+反思，他认为没有反思的经验是狭隘的经验，一个教师仅仅满足于获得经验而不对经验进行深入思考，也不可能有什么改进，这是有一定道理的。

教师的反思是指教师在教育教学中，批判地思考自我的主体行为表现及其行为依据，通过回顾、诊断、自我监控等方式，或给予肯定支持与强化，或给予否定、思索与修正，从而不断提高其教学效能的过程。教育是一个需要信念、理论和自觉追求、不断探究和创造的事业。正是在教育实践中对教育世界的不断追问，对所怀抱的理想、付诸的行动、伴随的焦虑的不断思考，对所从事的教育活动意义的不断追寻，才有了教师的成长。传统教育理论将许多教育问题概念化，因而产生了教育理论与教育实践的隔离，教师专业发展就必须把这些教育问题的学术研究回置到鲜活现实中，反思的实质就是这样一种理解与实践之间的沟通，反思精神和反思能力也是教师的创造性在教育实践中的体现。注重教师自身的反思性发展，一是通过强调教师对自己的教学实践的考察，立足于对自己的行为表现及其行为之依据的回顾、诊断、自我监控和自我调适，达到对不良的行为、方法和策略的优化和改善，提高教学能力和水平，并加深对教学活动规律的认识理解，从而适应不断发展变化着的教育要求；二是赋予教师新的角色定位：教师成为研究者。通过教师成为研究者，使教师工作获得尊严和生命力，表现出与其他专业如律师、医师相当的学术地位，使教师群体从以往的无专业特征的"知识传授者"角色定位，提高到具有一定专业性质的学术层次上来，从而改善自己的社会形象和地位。

三、教师的自我更新意识

教师的专业发展靠社会的关注，靠政府的重视，靠学校的培养，但更重要的是靠教师自己，靠教师不断地坚持自我更新，促进自我专业发展。所谓"自我更新"取向的教师专业发展，是指教师具有较强的自我专业发展意识和动力，自觉承担专业发展的主要责任，激励自我更新，通过专业反思、自我专业结构剖析、自我专业发展设计与计划的拟定、自我专业发展计划的实施和自我专业发展方向调控等实现自我专业发展和自我更新的目的。

因此，自我更新意识强调了教师真正成为自我专业发展的主人，随时保持自己对专业发展的关注，不断地利用专业生活中的有利因素，使自己的内在专业知识、专业结构随之更新和改进。只要教师努力实现自我更新，就能胜任当代教师的职责，并在成就学生的同时提升自己的生命质量，活出特有的职业尊严和欢乐。

为了更好地实施"自我更新"取向的教师专业发展，我们可以采取以下策略。

第一，保证自我反思经常化、系统化，比如自我反思安排在固定时间、列出教师专业结构发展的时间序列表、建立自我剖析档案等。

第二，利用多种检测手段，了解自己所具备的专业发展程度和自我发展能力。

第三，记录自己认为对自己专业发展影响较大的关键事件，为事后回顾、反思自己的专业发展历程提供基本的原始素材，经常与自我保持专业发展对话。通过这种方式，教师会更为清晰地看到自我成长的轨迹和内在专业结构的发展过程，进而为能够更好地实行专业发展的自控和调节奠定基础。

第四，教师要尽可能充分挖掘、利用各种可利用的有助于自我专业发展的资源，打破相互隔离，在了解教师专业发展的一般路径之后，敢于承认自己在专业发展过程中所存在的问题，积极主动地寻求与同事的合作与帮助。

四、影响教师的其他因素

（一）学校氛围

学校氛围是指一所学校内部形成的，对其内部成员的态度、信念、价值观念、行为等产生潜移默化影响的心理环境。学校氛围影响和规范教师的思想和行为，使教师能够理解和接受学校固有的价值观和基调，从而引起教师气质的同一性。一所学校的氛围一旦养成，就会保持相对稳定，学校中的每位教师都会潜移默化地受其影响，会按照某种方式去说话和做事。一位初任教师进入教师职业团体后，会逐步认同组织人格，养成集体意识。这种组织人格的认同和集体意识的养成，使教师成员产生强烈的集体责任感和荣誉感，自觉地把个人的思想、感情和行动与团体联系起来，在自己的工作岗位上尽职尽责。因此，在一所学校中的教师，由于长期受到共同学校氛围的影响，他们的精神状态和文化素养往往表现为这所学校教师共有的气质和风度。所以说，良好的学校氛围能够激励教师不断发展和持续增长。

（二）社会角色期望

社会对任何一种社会职业都赋予了社会期望，教师这个职业也不例外。教师这一职业具有复杂性，社会给予的期望也是多样性的，一般来说，教师在学校教育中充当以下角色。

第一，教书育人的角色。

第二，行政管理的角色。

第三，心理辅导的角色。

第四，学者与学习者的角色。

第五，学生家长的代理者角色。

第六，模范公民角色。

社会赋予教师这些社会角色期望，一方面引导了教师的发展，另一方面也给教师一种社会压力，迫使教师通过自身的发展来满足社会群众的期望。

社会角色期望给教师专业发展指明方向，也给教师专业发展以压力，极大地影响了教师的专业发展。

（三）社会价值观体系

社会价值观由个体的价值观整合而成，一旦社会价值观形成，对每一社会成员都会产生深刻的影响。积极的价值观对人的行为产生积极影响，消极的社会价值观对人的行为产生消极影响。目前，我国正处于市场经济如火如荼的发展时期，市场经济浪潮以教育经济、教育产业等形式，带给学校传统教育观念一层层冲击，以此导致的社会价值取向倾向于功利主义。这种功利主义价值观往往会严重破坏人们对于理想的追求，使教师失去自我，倾向于寻求利益最大化。因此可以说，社会价值观体系对教师专业发展具有重要的影响。

第二章
高校外语教师专业能力提升的理念与取向

高校外语教师在专业能力提升过程中,需要遵循一定的理念与取向,只有方向正确,走的道路才会正确,对自己能力的提升也才能有所助益。本章主要研究高校外语教师专业能力提升的理念与取向。

第一节　高校外语教师专业能力提升的理论依据

一、心理发展理论

从心理发展理论角度来看，教师显然是成年的学习者，其认知与学习的原理是建立在皮亚杰认知发展理论、佩里认知发展理论、亨特概念发展理论等基础之上的。这些理论都将心理结构的改变与发展作为研究的核心，认为人的心理结构往往会随着年龄的改变而发生变化，这一过程存在着一定的层次与顺序。

大量研究都证明这样一个事实，即教师自身的心理发展情况与其专业素质与能力拓展之间具有十分密切的关系，教师的心理发展程度不同，那么在专业素质与能力方面的表现自然也就不同。也就是说，如果可以通过一定的教育与培养工作提高教师的心理素质，那么这对于教师的专业能力发展而言也是大有裨益的。

例如，学者格拉斯伯格通过自己的研究提出了针对教师教育的具体计划，从而在一定程度上提升教师的心理素质以及认知发展水平。在实际的研究过程中，这位学者得出的结论是教师教育计划确实可以帮助教师提升自己的心理发展水平，并有效提高他们的专业技能。

（一）皮亚杰提出的观点

皮亚杰的发展阶段理论认为，心理发展过程是一个内在结构组织和再组织的过程，过程的进行是连续的；但由于各种发展因素的相互作用，心理发展具有了阶段性。各个阶段有其独特的结构，标志着一定的年龄特征。由于各种因素，如环境、教育、文化以及主体的动机等不同，阶段可以提前或推迟，但阶段的先后次序不变。各个阶段的出现，从低到高有一定的次序，且有一定的交叉。每个阶段都是形成下一个阶段的必要条件，前一阶段的结构构成后一阶段的结构和基础,但前后两个阶段之间有质的差异。这种观点把发展看作一个一维线性的发展过程。

(二)埃里克森提出的观点

埃里克森认为,每个人在成长过程中都普遍地沿着生物的、生理的、社会的和事件的发展顺序,按一定成熟程度分阶段地向前发展。他把人的一生按照成长中遇到的冲突与危机,划分为八个发展阶段,每个阶段都有各自的发展任务。

(1)婴儿期(0—2岁),发展信任感和克服不信任感。
(2)童年早期(2—4岁),获得自主性而克服羞怯或怀疑。
(3)游戏期或学前期(4—7岁),获得主动感和克服内疚感。
(4)学龄期(7—12岁),获得勤奋感而克服自卑感。
(5)青年期(12—18岁),建立同一感和防止同一感混乱。
(6)成年早期(18—25岁),获得亲密感以避免孤独感。
(7)成年中期(25—50岁),获得繁殖感而避免停滞感。
(8)老年期(50岁以后),获得完善感而避免失望和厌倦感。

埃里克森把人的一生划分为几个阶段,但是这些阶段不是一维线性的,一个阶段不发展,下个阶段就不能发展,而是多维的,每个阶段实际上不存在发展不发展的问题,而是发展的方向问题,即发展有好有坏,发展是在好坏之间进行的。

(三)金斯伯格提出的观点

金斯伯格(Ginzberg)研究的重点是从童年到青少年阶段的职业心理发展过程。他认为,职业在个人生活中是一个连续的、长期的发展过程。我们从童年时期就开始孕育职业选择的萌芽,随着年龄、资历和教育等因素的变化,每一个人的职业选择也会表现出不同的特征。一个人的职业发展如同其身心发展一样,可以分为三个阶段,每个阶段都有不同的特点和任务,如果能够顺利完成,就能达到各个阶段相应的目标;如果前一阶段的任务不能很好地完成，就会影响下一阶段的职业发展目标，最后导致职业选择时发生障碍。金斯伯格的上述划分可通过表2-1表示。

表2-1　金斯伯格的职业选择阶段

阶段划分		各阶段任务或选择特征
幻想阶段（0—11岁）		想象将来会成为什么样的人，并且在游戏群体中扮演所喜欢的角色，职业期望由兴趣决定，不会也不可能考虑能力和社会条件
尝试阶段（11—17岁）	兴趣期	与幻想期相联系，兴趣是职业选择的主要基础
	能力期	开始将自己的能力与兴趣进行比较，以考察其一致性
	价值观期	将职业选择与价值观相匹配，进行尝试性职业选择
现实阶段（17岁以后）	探索期	将兴趣、能力、社会价值和个人价值进行调和并规划职业
	成型期	在探索期成败的基础上产生明显的职业模式
	明确期	个人选择了特定的职业和专业

（资料来源：朱旭东，2011）

（四）莱文森提出的观点

莱文森（Levinson）的研究重点则是成年人。他在20世纪70年代对成年人进行访谈，探讨成人生涯发展与年龄之间的关系，将成人的发展归纳为三个发展时期，每个时期又分为两个小的阶段。具体的划分如表2-2所示。

表2-2 成人生涯发展与年龄之间的关系

阶段划分		各阶段任务
成年转折期（17—22岁）		此时期为进入成年早期的转折期，协调个体与家庭之间的关系，由依赖到独立
成年期（22—40岁）	进入成人世界（22—28岁）	个人在此时已逐渐成长为一个完全独立的个体，进入社会工作谋生，学习社会技巧，创造新的生涯模式
	适应（28—33岁）	重新反思自己的生命结构，并考虑是否调整或改变
	稳定（33—40岁）	个人已形成某种固定的与统整的工作形态与生命结构
中年转折期（40—45岁）		这一时期是个人生涯发展的一个重要危机时期，个体在检视自己的生活中，可能因为认知到理想与现实的不符与冲突，容易出现焦虑、不安、恐慌的情绪，若能顺利解决或统合这一时期的所有问题，将更能产生完美的人生
中年期（45—60岁）	进入中年期（45—50岁）	由于中年期转折的危机解除，因此个人会表现得成熟睿智、深思熟虑而呈现继续成长与进步；反之，有些人则呈现退缩与发展迟滞的现象
	50岁转折期（50—55岁）	由于生理的老化、工作压力与心理的倦怠，面临角色转变、地位丧失的危机
	高峰期（55—60岁）	这一时期是个人成就的巅峰时期，其一生的事业至此达到最高点，此后便逐渐衰退，直到退休而撤离工作岗位
晚年转折期（60—65岁）		这一时期是进入晚年期（老化期）的转折期，面临退休及角色转变的问题，同时逐渐规划建立自己的退休生活
晚年期（65岁以后）		（对这一时期，莱文森的研究样本中缺乏实证数据，所以这一时期的特征未知）

（资料来源：朱旭东，2011）

莱文森的研究样本主要取自35—40岁的男性成人，因此样本的代表性不足。但是他认为每个时期都具有转折期，且这一时期的主要任务是对原有生活的重新怀疑与评价，以便做出生涯选择与决定，而创造出新的生活模式。同时，每个时期的发展由许多因素构成，包括生理、社会关系和职业地位等各个层面的变化，这为后续的研究奠定了基础。

综上所述可知，心理发展理论主要是从心理学的维度对教师的专业素质发展以及能力拓展展开理论层面的研究，探讨二者之间所具有的各种密切关系。这种理论研究摆脱了教师教育发展过程中所受到的生理年龄因素制约与束缚，而从心理阶段入手，分析其与教师专业素质与能力发展之间的各种复杂关系。如此一来，所获取的理论将有助于不同年龄阶段的教师达到同等的业务发展水平，当然这一目标实现的前提是这些教师需要具有大致相同的心理发展水平。

二、综合研究理论

虽然国内外众多学者从不同角度与层面对教师专业发展理论展开了细致、深入的研究，也取得了一定的成效，然而有的学者仍然认为这些理论并不能从整体上影响教师的专业发展。为此，相关学者提出了综合研究理论。

（一）提出综合研究理论的原因

教师专业发展阶段的心理发展理论、职业周期理论、社会化理论从不同侧面向我们展示了教师专业发展的过程，但是如果从前面认定的教师专业发展结构来看，其中的任何一种仍然难以给我们提供关于教师专业发展较为清晰的、综合的纵向发展轮廓，这可能主要有以下两大原因。

首先，教师本身是一个统一、完整的人，而如果仅从职业周期、心理发展、社会化等其中的一种角度来分析，就难以反映教师专业发展的全部。从横向上说，受特定视角的局限，以上几种理论中的任何一种都难以反映专业

第二章　高校外语教师专业能力提升的理念与取向

发展结构各个因素的变化。

在上述理论研究中，心理发展体系侧重描述人处理抽象关系的思维方式改变过程，在特定阶段，人要具备相应有效、一般判断和解决问题的能力，以便更清楚地认识自己生活的方向和意义；职业周期理论是以人生需经历的重大事件及解决来描述人的发展变化过程的，它要求在特定的年龄解决特定的人生问题；社会化体系实际上是研究教师的角色适应和角色冲突的解决过程。这些理论体系下的研究，只是与教师专业发展的某些方面而并非全部相关联。从纵向发展来看，这些理论对于分析教师专业发展中的某一阶段可能较适合，但难以适应各个阶段的分析。

其次，以上这些理论似乎并没有从正面回答教师专业发展到底是怎样一个过程，有了这些研究结果之后，人们对于教师专业发展仍然是"雾里看花"，因为这些研究对教师作为专业人员最为重要的专业技能体系和个人对教学专业内部自主的获得过程缺少研究。

（二）综合研究理论的代表人物

为了更如实地反映教师专业发展的复杂过程，为今后的研究提供更加合理的理论体系，许多学者做出了努力。利思伍德以及贝尔和格里布里特便是突出代表。

利思伍德对已有描述教师专业发展体系的突破是从横向上强调教师专业发展职业周期、心理发展和专业技能发展之间的相互依赖，而贝尔和格里布里特则是试图在纵向上通过模糊教师专业发展明晰的阶段界限划分，来更如实地反映每一位教师专业发展实际经历。

1. 利思伍德

学者利思伍德没有沿着以往人们单一的思维模式来研究教师的专业发展，他在总结自己阶段研究理论的基础上，提出应该从不同的角度、层次来研究与探索教师发展的不同阶段，即采用一种综合的观点。这位学者指出，教师专业发展的过程中不仅涉及个人的心理发展，而且还涉及其职业周期发展、专业技能发展，这三个方面是相互独立、相互依赖的，三者之间的关系是十分密切的。

利思伍德对教师的各个发展阶段进行了综合研究，通过对教师自我方面的发展、道德方面的发展、概念方面的发展研究之后，他将教师的专业发展具体分为以下几个阶段。

第一个阶段：处于这一阶段的教师拥有简单、单纯的世界观与价值观，在判断自己面对的事物时出发点往往是非黑即白，他们非常坚持原则，所奉行的最高准则就是将权威作为善良的代表，他们眼中所有的问题只存在一种答案，这一时期的教师通常鼓励学习者持有顺从心理，履行一些机械的学习行为，不提倡学习者持有求异思维，在课堂上也是主导者，对学生具有绝对的权威。

第二个阶段：教师主要表现为"墨守成规"。他们特别容易接受他人的期望。教师的课堂有着传统的特征，课堂规则十分明确，无论学生之间有着什么差异，或者有什么特殊情况，学生都必须严格遵守规则。

第三个阶段：这一阶段的教师完成自己职责的出发点通常是凭自己的良心。此时教师的自我意识是比较强烈的，他们已经可以看出一些情况下可能出现的各种可能性。教师可以依据各种不同的、具体的情况采用不同的规则，他们已经将各种规则内化，做到灵活运用。在这一时期，教师对学生的成绩以及未来发展十分关注，他们会认真设计、教授每一节课，同时注重教师与教师、教师与学生之间良好关系的建立。

第四个阶段：教师较有主见，同时尊重课堂等社会情境中人际关系的相互依赖性。处于这一阶段的教师，已经能够较好地协调提高成绩和建立良好人际关系之间的关系，能够从多角度分析遇到的课堂情境并予以恰当处理。由于这一阶段的教师，对指定课堂规则的原理已经有所理解，所以他们在应用规则时显得更加灵活、明智。这些教师的课堂，师生之间密切合作，强调学习的意义、创造性和灵活性。这时，教师自身的认知加工复杂程度提高，所以也鼓励学生有相应的表现。

2.贝尔和格里布里特

贝尔和格里布里特通过自己的研究提出了新的教师专业发展模式，即演进模式，他们二人都十分反对人们通过刻板的专业发展阶段模式来研究教师的发展。严格意义上而言，贝尔和格里布里特这两位学者所提出的演进模式主要是从宏观层面来看的，指的是教师整个职业生涯所经历的宏观发展过程；而前面所探讨的阶段发展模式则主要是从微观层面来分析的，用来说明教师何以取得自己的专业发展。

贝尔和格里布里特指出，阶段模式虽然承认教师按照阶段的发展过程可以加速或滞后，但其认为发展的顺序是不变的。而实际上，在很多情况下教师可能会跳过其中的某一个或几个阶段，呈现跃进式发展状态。从已有的对个别教师专业发展的追踪研究结果来看，所谓阶段，只不过是一种概念，而不是每一位教师发展过程的真实写照。

贝尔和格里布里特认为，教师专业发展的阶段模式存在的一个最大不足之处，就是不能如实反映不同教师处于不同情境中所具有的各种差异，因而他们提出了教师专业素质与能力发展的演进模式。在对这一理论进行表述时，两位学者并没有使用阶段，而是对教师的专业发展情景进行了区分，分为如下三种情景：（1）确认与渴望变革。（2）重新构建。（3）获得能力。

三、职业周期理论

职业周期理论研究的是以人的生命自然老化过程与周期来看待教师职业发展过程和周期。尽管这类研究并非简单地把生命的自然成长周期直接用于解释教师的职业发展，但其阶段的划分以生命变化周期为标准，所以，最终结果是在人的生命周期体系下对教师职业成长过程进行描述。

（一）相关学者提出的观点

20世纪60年代，对教师职业生涯的研究还寥寥无几，20世纪70年代之后，这类研究在美、英、法、荷兰、澳大利亚、加拿大等国迅速增加。伯顿、富勒、休伯曼等提出的教师职业生命周期阶段论，以人的生命的自然衰老过程与周期来看待教师的职业发展过程与周期，其阶段的划分以生命变化周期为标准。划分的发展阶段具体如表2-3所示。

表2-3 教师职业发展阶段研究一览

名称及研究者	阶段划分
教师发展阶段（伯顿，1979年）	求生阶段、调整阶段、成熟阶段
教师职业周期动态模式（富勒，1985年）	职前教育阶段、入职阶段、能力形成阶段、热心和成长阶段、职业受挫阶段、稳定和停滞阶段、职业低落阶段、职业退出阶段
教师生涯发展模式（司德菲，1989年）	预备阶段、专家阶段、退缩阶段、更新阶段、退出阶段
教师职业周期主题模式（休伯曼，1993年）	入职期、稳定期、实验和歧变期、重新估价期、平静和关系疏远期、保守和抱怨期、退休期

（资料来源：魏会延，2014）

1.富勒的观点

富勒在这方面的研究体现出鲜明特色，他将教师的职业周期发展结合教师所在环境以及教师个人环境等因素来考察，也就是说，教师的职业周期发展并不是一种纯粹的行为，而是受各种因素影响下的一种综合结果，其中比较关键的因素就是教师所在环境以及教师个人环境。富勒认为，教师职业周期是一种灵活、动态的发展过程，并不是线性、静止的发展过程。他将这一发展过程分为如下几个主要阶段。

第一阶段是职前阶段，这一阶段是教师特定角色的准备期。一般说来，是在师范学院或大学的初始培养阶段，也包括教师担任新角色或工作时的再培训阶段。

第二阶段指的是教师工作的最初几年时间，这也被认为是教师刚入职的界定。此时，教师需要从社会角度来认识教育系统，熟悉和学习平时的教学教务工作。作为一名新教师，他需要努力获取同事、学生、学校等方面的认可，所以在处理自己遇到的各种问题时往往会十分卖力，力求实现令人最满意的效果。

第三阶段是形成能力阶段，教师努力提高教学技能和综合能力，他们积极寻找新资料、新方法和新策略。这时的教师，渴望形成自己的技能，易于接受新观念，经常参加各种交流会和教师培训活动。

第四阶段的教师处于成长以及热心的状态中，虽然他们的教学能力已经很高，但作为一种专业人员，时刻也不能停止进取的脚步。在这一时期，教师的表现在于十分热爱自己的职业，每天都按时到校，争取在工作中再次创新，热衷于研究各种不同的教学模式，总结自己的教学经验，改进不足之处。可见，这一阶段所体现出的核心内容就是热心、较高的职业满意度。

第五阶段是职业受挫阶段。教师在教学中遭受挫折，职业满意度下降，是这一阶段的突出特征。这种挫折多数发生在教师职业生涯的中期。

第六阶段是稳定和停滞阶段，教师除了分内的事之外，不想做任何事情，他们的工作虽然可以接受，但不再追求优秀和成长，只是满足于现状，满足于做到对教师的基本要求。

第七阶段的教师对自己的工作已经丧失了以往的热情，处于泄劲时期。在这一阶段，教师所呈现的状态可能是比较轻松、愉悦的，因为他们就快要离开这一教学岗位了。他们会经常回忆自己曾经的教学成绩，对于他们而言，这是一个十分美好的往事。然而，有的教师也可能处于心情苦涩的状态中，原因有可能他们是被迫离职的，或者是十分急切地想要离开教师岗位的。

最后一个阶段是职业退休阶段。这是教师退出教学岗位之后的时期，可能是年事已高，正式退休；可能是自愿退职，还有可能是为寻找自己更为满意的职业。

富勒对这一模式以四个场景为例做了特别说明，强调了这一模式的动态性质。分析说明以上八个阶段，并非一定是某个教师职业周期的真实写照，而是在个人和组织环境作用下，教师不断进入或者退出的动态变化过程。

第一场景：

假如有这样一位教师，他正处于"成长以及热心"的教师发展阶段，对自己的工作非常积极、热爱，而且在工作中可以通过努力找到多种不同的教学方法，为课堂教学带来十分浓厚的课堂氛围。然而，就是在这样一个公正的巅峰时期，学校通知他不能再继续给学生上课了。对于他而言，这显然是一次重大的职业受挫事件，很有可能导致这位教师直接进入"泄劲阶段"或者"职业退出"的特殊阶段。

第二场景：

假设有一位处于"热心和成长"阶段的教师，发现自己的孩子犯罪了。这一精神打击使他的所有精力丧失殆尽。他可能会停留于"稳定和停滞"阶段，以便把更多的精力放在解决家庭问题上。

第三场景：

假如有一位教师正处于教师发展的第六阶段：工作稳定、停止发展，每天都是混日子，虽然头脑比较聪明，然而对教学的态度不端正，仅要求自己完成工作任务，并没有精益求精的追求。在这时候，有一位善于识人的领导看到了这位教师的状态，对他进行工作上的鼓励，于是又让这位教师重新回到了"热心以及成长"的重要阶段。

第四场景：

一位教师处于即将离职的"泄劲阶段"，这时发生了一件意外的事情，她的丈夫突然去世。面对个人生活的骤然变化，她可能会对"职业泄劲"的决策重新估价，在不同性质的个人和组织环境作用下，她可能树立教学志向进入"热心和成长"阶段，也可能退回到"稳定和停滞"阶段。

从上述场景可以看出，就教师职业周期的动态性、灵活性而言，富勒的模式的确有独特之处，但也有欠缺的地方。

首先，富勒的教师发展模式具有灵活性、动态性，然而在具体的表现方式上却呈现出循环性特点，这好像意味着教师专业发展的具体路线仅仅是一种重复或者循环，完全忽视了其他发展形势、方式、路径的可能性。

其次，与其他教师阶段发展研究体系类似，对于影响教师专业发展的因素和关键事件，多限于偶然、突发因素，而对那些相对稳定、具有持久作用的事件和因素几乎没有涉及。

最后，富勒在勾勒教师职业周期的发展轨迹时，太过于关注教师整个职业生涯所遇到的各种转折点，对于处于稳定阶段的职业教师，在完善自己的专业结构时所经历的情况并没有展开详细的论述与研究。

2.休伯曼的观点

20世纪70年代开始，休伯曼等学者开始对人生的不同阶段展开研究，并

第二章　高校外语教师专业能力提升的理念与取向

取得了显著成果。20世纪70年代末期，这些学者开始对教师专业发展方面进行研究，他们在研究过程中所采用的研究方法不再局限于心理学领域的方法，而是将心理学、社会心理学等领域的方法结合起来进行合理运用。他们在这方面研究所体现出的一个突出特点就是，对教师职业周期中的各个时期的主题进行了研究与探索，进而根据教师不同阶段、不同主题所给出的不同表现，区分出多种发展的有效路径。这一研究与之前的研究相比较而言，可以更加真实、有效地反映教师的职业发展路径。休伯曼等学者认为，教师的职业发展周期具体可以分为如下阶段。

第一阶段是入职期，时间在1—3年，将这一阶段概括为"求生和发现期"。"求生"主题与"现实的冲击"相联系，课堂环境的复杂性和不稳定性、连续失误等，使得教师对自己能否胜任教学产生怀疑；同时，教师由于有了属于自己的班级、学生、教学方案，又表现出积极、热情的一面。

第二阶段是稳定期，时间大约在工作后的4—6年。这一时期，教师决定投身教学工作，初步掌握了教学法，由关注自己转向关注活动，不断改进教学基本技能，形成了自己的教学风格，表现出自信、愉悦和幽默。

第三阶段指的是教师职业工作的第7—25年，这是一个歧变的时期。从这一时期开始，教师的发展路线有了很大的变化，而出现这种变化的原因就在于教师自身知识的积累以及教学经验的丰富，在潜意识中引导教师增加对学生、课堂所带来的影响，即教师会针对不同的教学材料、不同的评价方法来实施个性化的教学实验。教师改革的愿望是很强烈的，这种强烈的想法克服了改革过程中的阻碍因素，对教师尝试改革给予了极大的鼓励与激发，这也在很大程度上体现出教师强烈的职业动机。另外，这一时期教师对课堂以及学生的职业责任感也是十分强烈的，他们往往会主动寻找一些更加新颖的教学理念与思想。

第四阶段是重新估价期。在许多情况下，教师不经过实验和歧变阶段，而是代之以自我怀疑和重新评估，严重者可能表现为职业生涯道路中的一场危机。年复一年单调的课堂生活，或者连续不断的改革后令人失望的结果，都会引发危机。

第五阶段是平静和关系疏远期。时间在工作后的26—33年左右。这一阶段，在教师职业生涯中表现并不明显，主要是四五十岁教师的一种"心理状态"。许多教师在经历了怀疑和危机之后开始平静下来，能够较为轻松地完成课堂教学任务，也更有自信心。随着职业预期目标的逐渐实现，志向水平开始下降，专业投入日趋减少。这一阶段的另一个表现是与学生的关系更加疏远，对学生的行为和作业更加严格。

第六阶段的教师主要呈现出抱怨、保守的状态。在这一时期，教师的年龄大约为50—60岁，他们在经历了职业的高峰与低谷之后往往变得十分平静，而且思想相对保守。学者认为这一阶段是由第四阶段对自我怀疑所进一步发展的结果，还有可能是因为对教育改革没有取得理想结果所导致的，因而他们会经常抱怨学生没有纪律性，没有学习的动机，对年轻教师的工作态度往往不满，对社会公众不能给教育提供支持存在更多抱怨。

第七阶段是退休期。时间是工作后的34—40年前后。其他专业人员在这一时期可能会逐渐退缩，为退休做准备。而教师迫于社会压力，其专业行为没有太大改变，只是更加关注自己喜欢的班级，做喜欢做的工作。

（二）职业周期理论的启示

各种教师专业发展阶段理论同中有异，异中有同，但均能完整地看待教师专业发展历程，将职前师资培育与在职教师的发展视为一个连续过程，且凸显了教师在不同发展阶段具有不同的专业发展水平、需求、心态、信念等。教师专业发展阶段研究的启示主要体现为以下几个方面。

1. 自主性

自主性是教师专业素质与能力发展的基础，这种特性要求教师在开展教学工作的过程中充分发挥自身的主观能动性，将外在的各种影响因素转变为自身发展的一种动力。自主性还要求教师需要具备充分的自我专业发展意识，只有具备这种意识，教师专业发展才会取得令人瞩目的成效。这种意识可有效增加教师在工作过程中的责任心，促使教师积极寻找发展自我的途径与机会，进而提升自身的发展能力。

需要明确的一点是，教师专业发展的自主性特点需要受到各种具体制度的约束，也就是在一定的范围内进行对自我的控制、引导、成长，而不是那种毫无节制的发展。

2.多面性

每个发展阶段的内涵是多层面、多领域的。教师的专业发展是一个螺旋式上升的持续过程。在教师专业化成长的不同阶段，教师教育的起点、问题以及需求不同，培养培训的内容和形式也有所不同。教师素质的提高需要根据教师专业发展不同成长阶段所面临的问题和需要来进行。因此，高校应由只重视职前培养转向强调教师教育一体化的培养模式，促进职前教师的专业发展与在职教师的专业发展，促进教师专业不断成熟。

3.阶段性

教师的专业发展呈现出明显的阶段性特征。从教师步入这一行业开始，一直到其发展为一名优秀的教师、教育专家，其中需要经历不同的发展过程。有的学者将这一过程分为如下三个时期。

（1）师范生到入门教师时期。

（2）入门教师到合格教师时期。

（3）合格教师到优秀教师时期。

上述三个时期又可以表述为三个连续的阶段，如下所述。

（1）职前专业化阶段。

（2）入门专业化阶段。

（3）在职专业化阶段。

可见，只有将上述各个时期、阶段看作连续不断的发展过程，确保教师可以在前一个阶段基础上顺利步入下一个阶段，也就是前一个阶段为下一个阶段做好铺垫，如此才能逐步得到提升与发展。

4.终生性

教师专业发展的空间是无限的。成熟只是相对的，发展是绝对的。教师要经历一个由不成熟到相对成熟的专业人员发展历程，这种历程是终生性的。教师专业发展是终身性的个体专业社会化过程。教师教育并不仅限于职前的教师院校教育，职前的教师院校教育只是为教师专业的全过程提供基础，教师教育的外延一直延伸到教师专业生涯的最后阶段。

5. 特殊性

这里的特殊性主要指的是教师专业发展所处环境的特殊性。教师职业理念实现的主要场所就是课堂，学校不仅是教师自身能力发展的领地，同样也是学生获取知识的场所。因此，教师自身的专业发展应该与学校的环境保持一个同步变化的状态。对于教师的专业发展而言，这是一个长期的、缓慢的过程，其中教师的知识积累主要就是通过教学这一活动实现的。

在教学改革的大环境中，教师通过教学过程实现自己专业能力的逐步增长，巩固自己的教学实践岗位。也就是说，教师专业成长的环境就是其所在学校环境，因而教师素质的提高必然会受到所在学校环境的深刻影响。简言之，学校不仅在于培养学生，同样也是提升教师专业能力的基地。在学校教育的过程中，不仅促进了学生知识的获取，同样实现了教师专业素质与能力的增长。

（三）职业周期理论指导下教师专业发展的研究进程

教师专业发展的过程经历了两个发展阶段："组织发展"阶段和"专业发展"阶段。

1. "组织发展"阶段

在提升教师专业发展程度的过程中，最早使用的是群体的专业化策略，旨在提高教师的整体素质、提高教学工作的专业化水平。其中包含两种取向：谋求整个专业社会地位提升的社会主义取向；强调教师入职高标准的专业主义取向。无论是哪一种专业化取向，在教师群体的专业化过程中，教师专业组织都显得尤为重要。所以，教师群体的专业化阶段又可称为"组织发展"阶段。

2. "专业发展"阶段

社会主义的每况愈下、专业主义的收效甚微都促使教育工作者开始对教师专业发展的历程进行反思。

1980年以"教师专业发展"为主题的《世界教育年鉴》体现了教师专业发展策略的转变。教育工作者将这一注重教师专业能力的发展过程称为"专业发展"。随着教师专业化理论研究领域重心从群体的被动专业化转移到教师个体的主动专业发展，教师个体内在的能动性也受到了越来越多的重视。

四、自我更新理论

由于研究者和研究对象的特定因素，国外研究多数关心职业变化过程的关键点研究，对在从事教师职业时间范围内教师的专业技能如何发展却不关心。究其原因，在这些国家，教师职业不是铁饭碗，教师一旦表现不佳，随时有可能被解雇，所以缺少职业安全感。离职、留置成了他们热衷的研究课题，一生之中可能要变化多种职业，教师职业可能只是他们经历的职业之一，所以其研究也主要限于职业发展阶段的关键点的确定，而对教师内在专业结构的改进和专业技能的成长本身关注较少。

（一）自我更新标准及其体系

教师的心理、社会和专业发展诸方面之间是交互作用的，教师与所处各种环境之间也有着内在联系，这使得教师专业发展路径和阶段呈现动态的、多样化的态势。为了反映这一特征，教师专业发展过程的研究与分析，必须从教师心理、社会化水平和周围环境等诸方面统一的角度予以考虑，而能够反映这 综合角度的，即是教师的专业活动及其自我专业发展意识水平。而恰恰是在这一点上，已有的诸多教师专业发展体系没有涉及。

很多人都认为，对教师进行专业考察的综合标准是教师是否具有自我发展的意识，这有助于更加系统、完善、有效地描述教师的具体发展。可见，教师自我发展意识是影响教师专业发展过程的重要因素，在这方面具有强烈意识的教师，将会更加关注自身的专业发展，对自己的职业也具有更加负责的态度，这些教师往往更加容易成为"自我更新"理论的履行者。

所谓"自我更新"，即教师具有比较强烈的自我发展意识以及发展动力，能够主动、积极地承担职业范围内所应该承担的责任，可以通过对自我的反思、剖析来自我激励，通过拟定、实施专业的发展计划，调控专业的发展方向等实现自我发展与更新的目的。对于"自我更新"取向的教师专业发展，我们可以从三种意义上来分析。

首先，它是以自我专业发展意识为标准，考察教师专业发展过程的一种分析、研究体系。它以自我专业发展意识的发展为基本线索，把教师内在专业结构更新与改进的规律性作为考察核心。

其次，"自我更新"往往被认为是教师自我发展的一种现实化过程。在自我更新理论的指导下，教师对自我的发展意识比较强烈，他们会时刻关注教师的最新发展动态，将一些新的教学发展理论与自身的具体现状相结合，依据自己的发展规划以及当前的发展轨迹来实施计划。在具体的实施过程中，这些教师可以监控与调整自我的发展意识，自觉利用、创造有利的机会与条件来争取发展。

最后，"自我更新"取向的教师专业发展，还可以作为一种教师专业发展新的取向和理念。与以往教师教育中的教师相比，这一取向强调教师真正成为自我专业发展的主人，教师将自觉地发掘专业生活中的有利因素，使自己的内在专业结构不断更新。

（二）自我更新专业发展新理论

"自我更新"教师专业发展理论相对于以往教师专业发展理论的认识和分析，除了强调自我专业发展意识在专业发展中的重要意义，以及在教师专业发展核心——专业发展阶段划分标准和研究体系上发生变化之外，在立足点和立场等方面也有着新的变化。可以说，这是更接近教师专业发展实际而具有普遍性特质的理论，具有很强的实践指导意义。

第二章　高校外语教师专业能力提升的理念与取向

1. "自我更新"专业发展的价值

教师专业发展理论不仅是教师专业发展促进者、教师教育者促进教师专业发展的理论依据,更对教师自身的专业发展有着重要启发意义。而只有那些善于实行"自我更新"取向的专业发展、具有较强自我专业发展意识的教师,才会较多关注自己的专业发展,关注教师专业发展阶段理论,并自觉地利用这些理论引导自己的专业发展。提出"自我更新"取向教师专业发展,是为了提示教师关注专业发展的阶段理论,发挥阶段理论在专业发展中的作用。教师专业发展理论对教师在自身发展的意义表现为以下几点。

第一,教师发展的阶段论可以让教师对自我发展情况进行反思与反省,这也有助于教师对自我有一个充分、全面的了解与认识。所谓反省认知,指的是对自己的学习、思维进行了解与认识的过程。对于一般人而言,自身的学习能力往往会受到学习观念的制约与限制。一些人认为,有的内容对自己太高深,完全不能理解,这些内容只有专家才能理解与学习,自己只要了解其中的导论内容就可以了。也有一些人认为,自己只有通过别人所特别设定的环境和意境才能获取丰富的知识,因而学习的最终效果往往与学习者具体的学习过程、理解程度有很大的关系。

教师作为一名学习者,对自己的教学过程到底可以理解多少、理解的程度等都会影响其专业发展的深度与程度。那些具有很强自我发展意识的教师,往往在学习教授专业发展阶段理论方面比较自觉,通过学习和深入了解这些理论,可以进一步巩固与强化他们的专业发展能力与意识。

第二,教师了解了教师专业发展的一般阶段之后,以此为基础来制定自己的专业发展计划。教师专业发展阶段的知识,为与其他教师的专业发展阶段进行比较提供了一个参照系,甚至对于职前教师,在得到有关教师专业发展的知识后,即可做出职业选择。如果决定做一名教师,那么,其专业投入感会增强;如果决定不做教师,那么,也减少了初任教师的离职率。

第二,通过描述教师专业发展的各个阶段,教师可以自发地形成一种团队与团体意识,大大减少他们心理上所经常出现的孤独感。例如,任教第一年,教师在设计教学案例、教学活动、管理课堂等的过程中往往会遇到各种各样的困难,而当他们了解了这些状况是任何一名新教师都会遭遇的过程时,他们在心理上就会感到相对放松,进而通过与同伴交流,学习他人的教学经验等方式改变自己的教学状况，有效提升自己的教学技能，从而克服自己在教学过程中所遇到的问题。

第四，有了教师专业发展阶段知识之后，教师还可以意识并预计到自己的变化。菲尔德就曾把教师专业发展阶段看作一种谱系，依照此谱系，教师就可以确认自己现在所在的发展位置，并可以设定自己将往何处发展。格雷戈克则更进一步把教师专业发展阶段，用于教师专业发展的目标设定。对于初任教师来说，他们在了解教师专业发展的详细信息后，就会对教师专业发展过程和教学工作的方方面面采取更为现实的态度，进而降低初任教师一般所遇到的不平衡程度。

最后，教师专业发展阶段的概念，不仅使教师更清楚地知道目前的发展水平，自己应当怎么做，而且使教师知道为了将来的进一步发展应当怎么做。

2.由断续走向持续的专业发展理论

"自我更新"取向的教师专业发展模式的提出，也与我们再次认识到教师专业发展的复杂性有关。从影响教师专业发展的因素来看，其范围非常广泛，既有正式因素，也有非正式因素；传统的"知识传授+学习+个人综合运用知识"的教师教育模式所隐含的——学到知识等于专业发展、个人能够在初任教师阶段自行将所学知识恰当地运用于课堂教学实际场景的假设——难以成立，短期的教师教育效果十分有限。从教师工作的性质来看，传统的教师教育也存在不足。教师在学校的教学工作十分复杂，有短暂、不确定、快速变换等特点，要求教师有高度多样化的认识、情感和能力。而这样多方面的要求，难以一一具体地排列出来，也难以体现于教师的课程之中。即在职前教师教育以后教师所达到的专业发展水平与所要求的水平之间仍有一定差距。所以，在教师的专业生活过程中，继续保持连续的专业发展，显得尤为必要。而"自我更新"取向的教师专业发展模式不仅转变了教师从被动学习者到主动学习者的身份，而且也从局限于特定时空的、断断续续、不连贯的、缺乏内在逻辑与发展关联的教师教育，转到了不受时空限制的、持续的学会教学和教师专业发展。

3.教师是成人学习者

为促使教师获得更好的专业发展，必须符合教师作为成人学习者的需要和特点。诺尔斯通过研究认为，以下几个原则奠定了成人学习的基础。

（1）成年人只有自己在具有兴趣或对某物有需要时才能产生较强烈的学习动机，所以兴趣、动机、需要成为成年人学习的根本出发点。

（2）成人的学习定向以生活为中心。所以合理的成人学习应以生活场景为基本单位。

（3）成年人学习的过程中，经验是十分重要且关键的资源。从这一角度而言，经验分析就是成年人最核心的学习方法。

（4）成人有强烈的自我引导学习需要。所以成人教育者的作用应是让教师也参加到探究过程中来，而不是向他们传递知识而后再评价他们运用的程度。

（5）对于成年人而言，个人与个人之间的差异往往会随着年龄的增加而增大，所以就需要针对不同成年人所具有的时间、地点、风格、速度等来提供教育。

诺尔斯所提到的成人学习动机、自我引导学习需要等在教师中间也是存在很大差异的，不能一概而论。不过总体而言，所列的几个方面基本适合于教师专业发展的情况。

（三）实现"自我更新"的影响因素

影响高校外语教师自我更新的因素主要包括内部因素和外部因素这两大方面。下面就分别对其进行具体分析。

1.内部因素

内因对事物的发展具有关键性的决定作用。高校外语教师的发展也是如此，在很大程度上取决于教师自身的发展。这也是一些教育专家、学者基于对几所高校的外语专业课堂走访和试听后所得出的结论。具体表现为高校外语教师在外语课堂教学中重理论、轻实践，虽然对教学理论阐释得头头是道，但是具体的课堂教学实践却依然采取传统的教学模式。这在很大程度上就是因为教师本人对教学理论缺乏灵活运用的能力。因而，教师就需要快速改变这种传统的教学模式，采取当代学生比较容易接受的教学模式，解放教师与学生在传统教学模式中的角色定位。

与此同时，教师自身的自主意识也在其专业发展过程中起着关键性的作用。教师自身的自主意识具体指的就是教师在具体教学过程中有意识地对所遇到的问题加以改进，并采取相应的自我提升、改进并发展的能力。教师的这种自主提升其个人专业知识和渴望更新个人专业知识等的能力，对教师个人的专业发展前景起着决定性作用。

2.外部因素

高校外语教师的发展还在某种程度上受到外部因素的制约。主要表现为受外部社会环境因素的制约和影响。就目前国内的众多高校外语教师而言，一些教师的学历普遍不高，在工作之后进行出国交流和接受培训的机会也相对比较少，进而导致教师的专业发展受到阻碍。众所周知，外语是一门交流工具，这门语言也需要放到具体的语境中才能更好地被学者理解和接受，教师作为学生的引导者，其知识水平对学生的知识水平和能力起着决定性的作用。因而，外语教师的专业发展也需要高校和社会机构等外部客体提供相应的优势资源和机会。同时，外语教师的专业发展还受到人们对其职业认同感较差、教师周课时量较大、科研时间少等外部因素的制约。

五、教师社会化理论

相关学者从社会化理论角度入手对教师的发展情况进行研究，教师作为社会中的一名成员，在其从普通人转变为专业教师的这一过程中，必然会通过自己的能力、需求、意向等与学校机构之间进行交涉，而这些行为就是教师作为个体所实行的多种社会化的一种表现。具体而言，教师专业社会化即社会个体作为一名专业的教学成员，通过自己的不懈努力逐渐在教学过程中承担其相应的职责，促进角色的成熟，进而实现较高专业地位的一种渐变过程。从时间层面来看，教师专业社会化的过程不是瞬间完成的，而是贯穿于教师整个职业生涯的全部过程。

（一）相关学者提出的观点

1.盖茨尔斯和古博提出的观点

盖茨尔斯（Getzels）和古博（Guba）认为，社会系统是由规范层面和个人层面这两个理念上彼此独立、实际上相互作用的层面所组成的。规范层面是机构对其中各个组成角色的期待，以达成团体的目标为原则。个人层面是个人与其人格需要的层面。两个层面相互影响而产生社会行为，如图2-1所示。

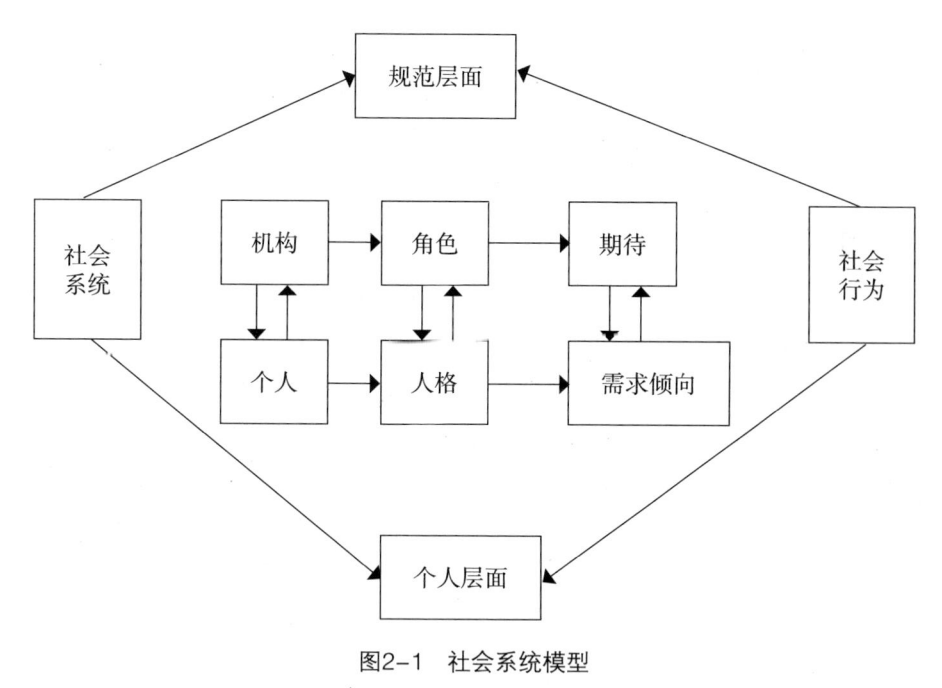

图2-1 社会系统模型

（资料来源：朱旭东，2011）

规范层面的探讨是以社会学的观点来分析组织行为的，由于社会分工的不同而有不同的机构，不同的机构有既定的功能与运作方式。每个机构中有不同的职位与身份，每个人所扮演的角色也不同，而这种不同由期待来界定，期待即机构中的规章制度之类。

在整个规范层面，重点要讨论的是角色。角色之间是相互联系的，一个角色的权利也许就是另一个角色的义务，如校长的角色，如果没有教师就无所谓校长，而校长监督教师的权利对于老师来说就意味着他必须要尽教学的责任。因此，当我们分析一个人的角色期望时，除了其本身外，也要考虑与其相关的其他角色的关系，才能获得比较完整的信息。

角色扮演的不同主要由机构来制定，但在程度上却有弹性。对于一个角色的期待，依其需求程度不同，可从"绝对要做"到"绝对不可做"两点连成一线。线之间为规章中所制定的命令，其间的行为由团体共识来决定，有的鼓励去做，有的则不鼓励。执行与否，视个人而定。教师根据规定要工作7小时，但在课后是否需要做课后辅导则没有限制。虽然按照常理这种行为是被鼓励的，但是教师没有做辅导，也没有违反规定。所以，一个组织对于角色的期待与个人面对的原则都有弹性。这种弹性使个体在团队中的效能发生了不同的变化。以教师为例，教师在完成教学任务之后，校长期望有些教师做一些科研活动，而对有些教师则不再抱任何期望。这种对角色的期待不同，个体的效能也发生了变化。

个人层面的探讨以心理学的观点来分析个人行为。同一角色，同样的期望，但个人扮演方式不同，行为就不同。造成这种差异的原因除了外力因素外，还有个人人格的差异。人格的差异主要是个人需要倾向不同而致。个人的需求倾向代表着一股发自内心的动机的力量，这股力量配合着行动，目的在于完成他人对其扮演角色的期待。基本上是目标导向的需求倾向依情景不同而有等级之别，而个人的需求倾向处于动态状况。一个人在十年前与十年后所扮演的同一角色也不同。

需求目标还对个人对其环境与角色的认定起重要作用。如前所述，角色期望在"绝对要做"和"绝对不要做"之间的部分是因人而异的。个别倾向不同，也会产生差异。对于一个为教学而忙碌的教师，将会很少花时间与学生相处，其生涯发展可能也走到了尽头。而对于一个自我实现的教师而言，在完成教学计划的同时，还会与学生相处，更好地改善自己的教学，其生涯还会向前发展。

根据盖茨尔斯和古博的理论,个人在一个社会系统中的行为,是由其扮演的角色和人格的交互作用而决定的,而角色和人格在其中所占的比重不同,对行为结果也会产生影响,所以整个社会行为的产生是动态而灵活的,这为教师生涯发展的研究提供了新视角。

2.莱西提出的观点

莱西在对实习教师的研究过程中,把教师专业化过程分为四个阶段。

第一阶段为"蜜月"阶段,实习教师体会到做教师的乐趣,同时他们从繁重的学习中解脱出来,乐于从教。

第二阶段的教师对教学材料、教学方法非常重视,他们往往会积极查找和学习各种新的教学材料与教学方法来提高自己应对课堂授课的能力,提高自己控制课堂的能力。

第三阶段的教师往往处于各种"危机"中,课堂中会出现各种意料不到的问题,给新教师的心理上带来极大的压力,新教师仅仅通过新的教学材料、新的教学方法往往无法应对这些危机。在这一阶段,虽然对每一位教师所带来的心理影响是不同的,然而大多数教师在这一阶段都会产生离开这一职业的想法。

第四阶段是"设法应付过去或失败"的阶段,这时有的教师对不得不做出妥协和改变不再感到内疚,能够坦然地以教师的姿态出现在课堂上,而不能做到这一点的教师可能要离开教师岗位。

(二)社会化理论指导下的教师专业发展阶段研究

1.无人关注的教师发展阶段

原始社会,在分工尚未出现前,教师还不是一个独立的职业。此时,家庭和氏族中的长者将生产劳动和社会生活的经验传递给幼小的氏族成员,包括长者为师、能者为师、以僧为师、以吏为师等。专门的"教师"和专门的教师培养机构都没有出现,教师的发展也无从谈起。

随着生产的不断发展以及社会分工的出现,教师逐渐变成一种职业。但是，在相当长的时期内，教师没有接受专门的培训，主要由并没有多少知识的男性担任教师的职责。这时，教师主要是作为社会的一种特殊职业而存在的。所以，该阶段表现为教师发展的集体无意识、教育科学研究多处于只言片语的圣人之说阶段，这些无法为教师的发展提供理论层面的支撑。再加上，此时的教育主要为少数人享用的奢侈品，因此也没有出现专门培养教师的机构。

2.实施职前培养的教师发展阶段

专门训练和培养教师的师范教育是现代国民教育的产物。随着公立学校的涌现，社会对受过良好训练的教师需求量越来越大。在此背景下，师范教育开始萌芽。师范教育的发展可以追溯到17世纪，但直到18世纪末，师范教育才开始在世界各国得到发展，并逐渐壮大起来。

1681年，法国"基督教兄弟"在兰斯创立了世界上第一所师范培训学校，人类教师教育历史由此开始。之后，师范教育在西方国家得到快速的发展。到第二次世界大战前，西方发达国家基本建立起了系统的教师教育体系。在这一阶段，最显著的变化是由专门的机构承担教师的训练和培养，为了确保师资培养的质量，国家陆续颁发了教师教育的法规，对教师培养机构的设置、教师资格证书的颁发、教师的地位等进行了规范，促使教师教育走向系统化和制度化。该阶段教师发展的任务主要由师范院校来承担，也就是关注和实施教师的职前培养，但是忽视了对教师的在职教育。

3.重视在职教育的教师发展阶段

高素质的教师对于提升教育质量至关重要。从20世纪60年代到90年代，全世界教师数量的增长超过了学生入学人数的增长，相应地，社会对教师素质也有了更高的要求，主要表现为教师的高学历化、证书化、专业化和学习的终身化。在这一背景下，教师的在职教育受到了广泛的关注，教师的继续教育机构也逐渐建立起来。

为了提升在职教师的学历层次和继续教育的质量，我国建立了系统的教师进修机构和制度。长期的格局是：师范院校主要负责教师的职前培养，教师进修机构负责教师的在职进修，这一教师教育的体制有利于满足教师发展的基本

第二章　高校外语教师专业能力提升的理念与取向

要求,同时有利于提升教师的整体素质。但是,目前,师范院校和教师进修机构相互封闭、各司其职,这一格局难以满足当前社会发展和教育改革对教师发展的要求,也造成了大量培训资源的浪费,达不到预期的培训效果。

随着教师教育体系逐渐开放,综合性大学开始进入师范院校的领地,并承担教师教育的任务。终身教育理念的引入,要求对教师职前培训与职后培训的资源进行全面整合,对教师的在职教育给予关注,使教师的职前培养与职后培训实现一体化。

4.走向教师专业发展的教师发展阶段

通过对教师发展的历史进行分析可知,由无人关注到有组织的促进、从外界推进到自我驱动的发展历程。教师专业发展的理念和实践是这一趋势的现实反映。

从17世纪师范教育诞生至今,促进教师发展的培养机构、培养内容、培养体系和培养制度在不断向专业化迈进。1966年,联合国教科文组织发表的《关于教师地位的建议》中,就强调教师的专业性质,认为"教学应被视为专业"。1996年,联合国教科文组织第45届国际教育大会再次强调,教师专业化是一种改善教师地位和工作条件的重要策略。在我国,倡导教师专业化已成为教育理论和实践探索的重点,并且取得了大量的研究成果。

教师专业化是教师发展的未来趋势,所以研究未来教师需要具备的素养,促进教师的专业发展显得非常必要。未来社会充满着竞争与变化,这对教师的素质提出了更高的要求。在普遍意义上,未来的教师应注重提高下面的素质:高尚的职业道德、先进的教育理念、合理的知识结构、全面的教育教学能力、健康的身体和心理等。①

如今,教师专业发展备受关注,教师专业发展在不同的动力推动下所呈现出的状况也有所不同。政府推动下的教师专业发展,主要是为了提升教育教学质量。教育研究人员推动下的教师专业发展,主要为高校和专门的教师

---

① 魏会延. 教师学习共同体:促进教师专业发展的新途径[M]. 武汉:武汉大学出版社,2014:4.

进修机构人员提供专业发展的指导，注重理论与方法的构建。教师推动下的教师专业发展，目的主要是扩大教师权利、提升教师社会地位、获取专业自主权。

总之，推进教师专业发展是一项十分复杂的工程，教师专业发展应立足教师和学校的发展，对校内外资源进行合理开发与利用，充分发挥政府、教育研究人员、学校和教师的作用。

第二节 高校外语教师专业能力提升的基本理念

了解外语教师专业发展的理念，首先应了解外语教学理念。外语教学理念可归纳为两种：理念观和技艺观。

一、理念观

理念观是建立在没有数据的科学理论基础之上的教学原则。理念观主要包括两种教学方法：理论取向和价值取向的教学方法。

（一）理论取向的教学方法

理论取向的教学方法一般指的是教学实践者将某一教学理论或学习理论运用于具体的教学实践中。例如，交际外语教学就是以语言理论为基础的一个实例。在其影响下，其他一些交际框架下的交际外语教学也逐渐产生，如任务型教学法、合作学习法、内容教学法等。

由我国外语教学的发展历程可以看出，我国外语教学都是随着世界各国语言教学的发展而不断发展的，语法翻译法、听说法、交际法等都是由教学领域的权威，根据国外研究倡导的教学法而照搬到我国外语教学中，成为语言教学法。

每倡导一种新的教学法，都由当地师范院校的教师或教研室或有经验的教师，对当地的外语教师进行这一教学法的培训，对与该教学法相关的知识进行介绍，要求教师将特定的教学法运用于自己的课堂教学中。

但是随着时代的进步，人们教学观念发生了变化，一味地照搬他人的教学方法受到很多专家、学者的批判。人们开始灵活运用、有选择地运用教学方法。

随着教学理念的变化，教师教育理念也有所变化，一些与教师教育术语相关的变化，如"教师培训""教师教育""教师发展"就是不同的教师教育理念与教师教育重心转变的体现。

（二）价值取向的教学方法

随着国内外教育形势的不断发展，人们的教育理念、教学目标、教学模式也随之出现了变化。广大外语教育工作者与教师开始接受新的教学理念。以学生为中心，着眼于学生的思想、情感、认知、需求、个性、发展、策略等，是新的教学理念的体现。

我国对教师、学生、教学以及教育在社会中应有的作用评价导致了价值取向的教学观念形成。现在流行的语言课程文献、校本课程发展、行动研究等都属于价值取向的教育体系。一些价值取向的语言教学方法还包括人文教学、学生中心教学、教师分队教学制等。

二、技艺观

技艺观将教学视为一种艺术。教学艺术的魅力在于教师个人性格的感召力、价值观的感染力、敏捷思维的影响力、创新意识的催化力。

一位优秀的教师应具备三个方面的意识，即现代意识、改革意识和创新意识。受改革创新意识的促动，教师会不断研究课程的时代性、实用性和独特性；能依据教材、超越教材、活用教材、发展教材；对教学形势的需要以及未来可能发生的事情进行评价，从而创造、运用符合自身教学实际的教学策略。

技艺观要求教师根据特定的教学形势和教学环境发展出适合自己的教学方法，逐渐形成具有个性化的教学技巧。对于教学来说，教要有法，但教无定法，贵在得法。

第三节　高校外语教师专业能力提升的基本取向

教师专业标准表示的是教师的专业化价值，是对教师专业期望水平的指向和描述。

澳大利亚著名学者因格瓦森（Ingvarson）认为，教师的专业化标准应建立在最佳教学实践的追求与研究上，其指出了教师的明确责任，而不是仅限于在教学过程中对教学内容的简单描述。教师的专业标准要求教师向其他专业人员或者其他教师说明教学的中长期目标，以及教师专业素质与能力拓展的过程与阶段，让教师能够找到提升自身专业素质与能力的方向，对自身的发展过程予以明确，坚定地践行教师专业标准的要求。①

从各个国家、各个地区教师的专业素质与能力标准来看，结合我国的实际情况，可以将我国外语教师的专业素质与能力拓展的取向归结如下。

---

① 魏会延. 教师学习共同体：促进教师专业发展的新途径[M]. 武汉：武汉大学出版社，2014：25.

第二章 高校外语教师专业能力提升的理念与取向

一、应坚持"以学生为本"

高校外语教师专业发展的一个基本精神就是"以学生为中心"。在教学中,教师首先应该热爱学生,只有真心地对待学生,才能给学生带来素质与能力的提升。"以人为本"的精神在教师的教学中体现得尤为明显,教师在促使学生获取知识、提升自身能力、培养自身情操层面所取得的成绩是评价教师是否专业的标准。教师基本的职业道德要求就在于热爱学生,他们应该从关心与爱护学生出发,对教学工作与日常的班级管理工作进行关注。教师对待学生的态度会对学生的发展产生一定作用。因此,对于外语教师而言,促进学生的全面发展显得非常重要,也是工作的重中之重。

另外,学生在教育系统中有着非常重要的地位,学校的基本任务就是促进学生的素质与能力提升。因此,外语教师应该将学生放在主体的地位,真正地做到以学生为中心。

高校外语教师专业发展的动力与根据在于学生学习目标与标准,以及学生成绩之间产生的差距。因此,在高校外语教师专业拓展的过程中,不仅需要对教师予以关注,还需要以学生为本。

二、应注重合作学习

教师与学生、同伴、家长之间的合作也有助于教师提升自身的专业素质与能力。

教师与学生合作有助于提升教师的学业水平。在合作的过程中,师生之间创造和谐的学习氛围,让教师与学生在融洽的环境中,提升彼此的素质与能力。

教师与其他同伴的合作,有助于扩展彼此对不同学生的认知,加深他们对自身知识的理解和把握。

高校外语教师专业发展的标准要求教师有不同的角色定位，他们不仅是学生的引导者，也是同学生、同伴各方合作的领导者，同时还是学校等的贡献者。

三、应使教师学会终身学习

教师专业发展是一个长期的构成，因此外语教师应该学会终身学习，不断为提升自身的素质与能力付诸追求，更好地与社会的发展相适应。

社会的迅速发展使知识也得到了迅猛发展，在外语教师的教育中，他们是学习的指导者，也是知识的需求者，他们将自身的知识传授给学生。但是，在知识大爆炸的时代，外语教师仅仅依靠自身的一些专业知识与技能，已经很难完成当前的教学，因此需要外语教师展开继续教育，不断对自身的素质与能力进行更新与改进。

具体来说，外语教师除了对自己任课的知识有清楚的学习和把握，还需要对与自身学科相关的知识有所涉猎，尤其是现代的教育技术手段。外语教师应该充当学生的榜样，在自身终身学习的过程中，传播学习理念，让学生也不断培养自身学习的习惯。

第三章
高校外语教师专业能力提升与修炼途径之一：实施职前职后教育

教师发展不是一个自然的成长过程，而是一个连续不断的过程，其除了通过教师个人的努力，还需要其他教育措施给予教师发展以相应的保障。而构建有效的教师专业发展模式显得非常必要，且是教师专业成长的关键。另外，随着时代的发展，教育不断变革，教师专业发展模式也发生了变化。本章就从职前、入职、职后三个层面来分析。

第一节　探究教师职前教育

一、外语教师职前教育的取向

（一）实践取向

自20世纪80年代起，人们就意识到，外语教师职业的专业性最终体现在其专业实践之中，脱离实践的做法只会使外语教师教育的路越走越窄。只有经过高质量的教育实践洗礼的外语教师，才可能在教育教学工作的价值观和方法上表现出专业性，才可能在高深的教育理论和日常教学间建立联系。具备实践性知识和教学实践能力已经成为外语教师专业素质中极其重要的一部分。可以说，"回归实践"已经成为国际教师教育的潮流。

有学者指出，现代高校外语教师培养的重要环节就在于教育教学实践。而对于实习外语教师来说，在实习阶段，他们可以增强实践性知识，逐步形成职业品性、职业情感、职业态度。因此，这一阶段是他们作为准教师入职的重要和必备阶段，是外语教师教育中至关重要的环节。

（二）实习发展取向

在历经几十年的教师教育改革后，教师的教育实习应从"行为主义"理念下的"示范模仿型实习模式"转向"认知心理学"理念下的"交互自省型实习模式"。在这种模式中，实习教师和实习指导教师之间由被动关系转向交互关系，在这种关系中外语教师通过自身的反思来实现专业成长。

二、外语教师职前教育的问题

（一）外语教师实习工作趋于"表面化、走过场"

实习阶段本就是外语教师培养培训的实质阶段。但在实际的教育实习过程中，实习准教师们由于"非生非师、亦生亦师、半生半师"的尴尬角色定位，由于教育实习在课程设置中仍然处于较为"弱势"的地位，导致在教育实践中，高校的外语教师对目前学校的实际现状无所适从，来自所在学校的指导教师和实习教师关系也呈现出机械化、模式化的特点。教育实习阶段本应是高校和实习外语教师之间深度交流的重要阶段，但二者之间的合作呈现出一种表面化、走过场的状态。

（二）实习工作随意性大，缺乏正规化和系统化

我们首先了解到，实习外语教师对实习过程和实习效果是充满期待的。并且，实习外语教师会主观上认为自己对实习有所准备，但由于实际经验的欠缺，实际上准备并不充分。

美国的一项有关教师教育实习的调查研究指出："大部分学生在参加实习课或教学实习活动时的心情都是紧张与激动参半，这很正常。每个人在开始一项结果难料的新体验时，复杂的心情总会如影随形。尽管如此，在开始之前，还是有一些方法可以帮助你缓解不安情绪，进而提高成功的机会。"

总的来说，教学实习课对于每个参与者来说都将是一次获益匪浅的积极体验。目前，准教师实习工作的随机、随意性仍然很大，缺乏正规性和系统性。所以，准教师的实习工作应该逐步正规化、系统化，以满足实习教师的需求，让他们对这个职业建立更加良好的认知和认同。

（三）实习工作的指导性有待加强

教师实习工作效率提升项目中的教师不仅指准教师们，还包括参与指导

的一线教师们。也就是说，对于实习工作的指导，不仅是针对实习外语教师和即将踏入工作岗位的准外语教师们，还要对参与实习指导的一线教师们进行"怎样对实习外语教师进行实习指导"方面的指导和培训。下面针对实习外语教师和即将踏入工作岗位的准外语教师进行分析。

对实习外语教师的实习指导应该从准备实习开始，一直持续到实习的最后阶段。指导的内容包括这个过程中的方方面面。就拿实习之前的培训和指导来说，如果不对实习外语教师进行实习前的培训和指导，当实习外语教师真正进入实习场域后，会出现角色定位模糊、实习目标不清晰、实习任务不明确、实习效果不明显等问题。就会"往往一片茫然、毫无准备地进入教育真实情境中。不少实习外语教师会因此提出'我究竟是谁？''我该做什么？''我能做什么？''我怎么去做？'的疑问"。因此，在实习前就应该进行有针对性的培训和指导，并且这个指导过程应该一直持续到实习结束之后。要提升外语教师教育实习的质量，对实习外语教师这个准教师群体进行指导。

总的来说，在实习外语教师教育实习的过程中，涉及的主要人员都应该各自明确自己的职责、分工和具体任务等，尤其是实习教师和实习指导教师。在外语教师培养培训模式中，高校的教育专业应该和实践基地联手，制定、编写指南、细则等，并由各自的主管单位纳入各自的考核评价体系之中。

三、外语教师职前教育的价值追求

（一）以实习教师能力的提升促进高校的人才培养质量

外语教师实习工作效率提升项目的一个核心价值追求就是提升实习外语教师的教育实践知识和实践能力。实践方面作为外语教师素质的一个重要方面，它的提升无疑会大大提高实习外语教师的整体素质，使得实习外语教师在走上工作岗位后更容易获得工作单位的肯定及其他利益相关共同体的认可，从而也就提升了高校的人才培养质量。

（二）以实习指导外语教师能力的提升促进所在学校的发展

外语教师实习工作效率提升项目中受益的另外一方就是来自一线的实习指导教师们。指导实习外语教师的过程，会促进实习指导教师们积极反思、总结自身的经验，有助于他们将自身隐性的教育经验性知识向显性的教育理论性知识转变。实习指导教师作为教师队伍的中坚力量，这样一种经验的升华和能力的提升会直接推动所在学校的发展。

（三）以外语教师教育实习工作长效机制的建立保障实习工作的高效开展

外语教师实习工作效率提升项目的探索和实施，无疑是开发了一种高校和实践基地之间的教师教育实习的长效机制，这种长效机制的建立会从根本上保障实习工作的高效开展。

四、外语教师职前培养培训模式建构的基本步骤

一般高校鉴于自身实践与应用型人才培养的教育取向与特点，都会有自己的实训基地。除了校内建设的实训、实践基地外，更多地也会寻求与外部企业的合作。高校的外语教育专业往往也都有固定的学校作为其教育实习的实践基地。而教育机构为了自身专业人才的持续供给，为了教育质量的提高，也会积极寻求或乐于接受与职业院校的联合。在外语教师培养培训体系构建过程中，合作的高校与实习学校双方有可能之前就是联合关系，彼此相对"熟悉"，也可能是基于发展需要"刚刚接触"，彼此相对"陌生"。但无论是哪一种关系，也不可能在实现外语教师培养培训模式的构建中一蹴而就。

教师培养培训模式是要求高校与实习学校之间实现非常深度的合作与融合，因此建构一体化的建构过程需要一步一步、有计划地循序渐进地进行。

本书在进行教师培养培训模式构建的过程中，摸索出了循序渐进、按梯度上升的三个阶段：找问题，共选项目；寻契机，共同进步；互融合，共谋发展。

（一）第一阶段：找问题，共选项目

这一阶段是处在一体化模式构建的初始阶段。可以说，由于合作基础薄弱，可以从小问题入手进行项目的遴选与确定。根据外语教师培养培训体系的特点，高校可以追踪调查进入学校工作的毕业生的后续职业适应；学校可以总结发现外语教师入职后的职业发展情况。通过追踪"高校"毕业生在实际工作中的情况，发现问题，共选项目。

很多初任外语教师有时纵有一身本领，却缺乏实践教学的技能、方法和能力。高校的专任教师们可以据此反思自身的课堂教学，高校教育专业可以据此调整自己的课程体系。可以说，怎样提升实习外语教师的实践应用能力既是高校非常关心的问题，也是外语教师队伍建设层面亟待解决的问题。实习学校的领导们也非常希望这些实习外语教师在入职后能尽快适应，尽快提升，尽快解决这些遇到的问题。

（二）第二阶段，寻契机，共同进步

在有了第一阶段通过问题转化成项目合作的基础上，高校与实习学校双方寻找合适的契机，更加深入地合作与融合，共同进步。

当前，外语教师队伍存在的一个大问题就是人才严重流失。而放弃外语教师这一职业的根本原因在于职业认同度不高。怎样进行高校与实习学校一体化的外语教师职业认同培养培训，正是当前需要思考的问题。通过外语教师培养培训，加强加固外语教师对自身职业的职业认同度，才能有效防止外语教师队伍人才的流失。

（三）第三阶段，互相融合，共谋发展

在上述两个阶段后，完成高校和实习学校之间的文化冲突后趋于和谐与融合。在此基础上，可以通过共建双导师制等方式实现更加深入的互相融合，共谋发展。

双导师制并不是一个新鲜的事物，而是由来已久。教师培养培训模式实行的双导师制既符合一般意义上双导师制的做法，也具备自身的特点。也就是说，在外语教师培养培训模式中，以高校这一方的理论专家为理论学习导师，以实习学校这一方的骨干教师为实践教学导师。就职前培养来说，每一位实习外语教师都配有理论和实践导师各一人。

高校的实习外语教师从一开始就选择一名专任教师作为职业指导导师，选择一名骨干教师建立师徒关系，均对自己进行个性化的指导。一线教师在选择骨干教师为自己的"师父"进行师徒结对的同时，也可以选择高校的一名教师作为自己的专业发展教师，对自己的职业发展进行跟进指导。

在外语教师培养培训体系中，实习外语教师实习结束并不意味着高校对他们培养工作的结束，而是一个新的起点，是他们职业发展支持的开端。在教育专业认证标准中，有着非常重要但又容易被忽视的一项内容就是"持续支持"。这一点要求高校教育专业对"毕业生进行跟踪指导服务，了解毕业生专业发展需求，为毕业生提供持续学习的机会和平台"。

五、外语教师职前培养培训模式建构的经验做法

外语教师职前培养培训模式实践探索的过程中，高校与实习学校双方都在彼此配合、彼此融入的过程中总结出了一些有效的经验做法，具体的经验做法如下。

（一）来自高校的管理与教学经验

1.突出实践取向，强化实践育人
（1）实践教学贯穿实习外语教师培养的全过程
通过实践教学贯穿实习外语教师在校学习全过程的方式突出实践育人取向。以实习教学为例，包括职业认知实习、岗位认知实习和顶岗实习三个环节。
（2）校内实训仿真化、职场化
教育专业校内实训基地具有较高的职场情境和职场氛围，由高校与实习学校共同编制校内实训教学方案，共同开发一系列仿真性、真实性的岗位任务训练项目，让实习外语教师在完成实训任务过程中掌握教师职业技能。
（3）引导实习外语教师积极参加社会实践
高校和实习学校共同设计实习外语教师社会实践内容，让实习外语教师参加社会实践活动。通过社区服务、职场调查等社会实践活动，培训实习外语教师的职业意识、职业态度和职业精神。

2.深化培养方式改革，推行任务驱动项目导向课程
（1）培养方式改革制度化
制定《教育专业课程教学模式改革意见》，以课程教学模式改革为突破口，推动人才培养方式改革。
（2）大力推行任务驱动、项目导向课程改革
将相关课程的学习内容分解、设计为一系列与实训相结合的任务，以任务驱动来达成学习的良好效果，实现项目导向的课程改革。

3.加强项目管理、经费管理
高校高度重视教师培养培训项目的建设与管理，为保证项目能够按照专业建设发展方案执行，采取了以下三方面举措。
（1）健全项目建设组织机构
一些学校成立了"高校提升专业服务产业发展能力"项目和"高校和实习学校一体化教师培养培训"项目建设领导小组，成立了由主管校长督办、

相应职能部门组成的项目建设管理督查组和项目资金使用管理组。

（2）建立配套规章制度

学校制订并出台了项目建设相关的管理办法，对从落实任务分解、组织实施到过程监控及项目验收的全过程进行规范管理。实行项目责任人负责制，学校相关管理职能部门进行过程监控和进度跟踪，对项目建设如期按进度完成起到了监督和控制作用。

（3）规范资金管理

学校制订并出台了"项目专项资金使用暂行规定"，对项目建设资金的使用从开支范围到报销程序、从项目招标到合同管理等均进行规范管理。

（二）来自实习学校的管理与培训经验

来自实习学校的主要经验是充分利用和高校合作后的专业引领，让外语教师培训在许多方面都更有高度，更加规范化。

1.给予有专业引领的"纵向式"同伴互助

20世纪末，国外学者们在检验、反思一系列校内、校外的培训效果时，通过研究发现，并非在资金充足的保证下，通过培训者不断完善和改进培训内容，再通过外语教师的认真参与和学习，这些培训就会起到相应的改进外语教师教育教学行为、改善和提升教育效果的作用。

例如，美国的一项实验研究结果就出乎人们的意料：教师在接受培训后，能将学习到的新知识转化到自身教育教学实践中的比例不足20%。这项研究继续将参与一个为期三个月的在职培训课程的教师分成两组。

第一组教师不只是参加培训课程，而且会被引领着在校内进行同伴间的互助指导。

第二组则只是进行了课程的学习。

将两组教师进行比较研究后发现，在日常教育教学中能有效运用课程中学到的技能方面，第一组教师的比例达到了75%，远远高于第二组教师的15%。

此外，还有相当一部分的研究也证实了类似结论。例如，同事间的互助指导要比单元式的工作坊效果明显。再比如，外语教师间的互助观摩和指导能够促进教师的专业发展等。因此，在高校和实习学校一体化外语教师培养培训项目的进程中，要对外语教师给予有专业引领的"纵向式"同伴互助。

2.联合进行案例教学，最大化发挥其作用

众所周知，外语教师培养和培训中的一个难点就是理论和实践的脱节。因此，教育实习十分重要。除实习外，案例教学是有效连接理论和实践的桥梁。

案例教学法由来已久。早在古希腊、古罗马时代，著名哲学家、教育家苏格拉底所采用的"问答法"就是一种案例教学的雏形。而苏格拉底的学生，同样为希腊著名哲学家的柏拉图，将这些问答整理为书中的例子，这些例子就可以看作案例的雏形。案例教学有许多优势。例如，案例教学克服了传统的、单一的知识讲授弊端，能够帮助教师理解案例中蕴含的教育知识和原理。也正因为此，案例教学法反映的学习观是反对只满足于理论知识灌输的被动式学习，而突出实践能力本位。案例教学法的主要目的在于让学习者能够运用自身所学的教育理论知识去解决实际教育教学过程中遇到的问题。

在外语教师的培养培训中，案例教学法是经常被采用的教学方法之一。但在真正的外语教师培养培训中，案例教学的优势并未发挥到极致。从外语教师培养的职前教育来说，采用案例教学法的过程中，外语教师自身缺乏对案例"身临其境"的体验，却要让实习外语教师根据传递的这种"想象中的体验"去"想象和获得自身的体验"，而这会让案例的效果大打折扣。

从外语教师培训的职前教育来说，采用案例教学法的过程中，虽然体验是鲜活的、丰富的，但外语教师们往往只是就着案例说案例，结果依然停留在案例本身，而没有理论上的高度，致使案例的效果就像听说了一个引起自身共鸣的故事一样，也使案例的效果大打折扣。也就是说，案例教学法同时需要理论的提升和行动的跟进才能取得较为理想的效果。但在高校和实习学校一体化外语教师培养培训模式中，通过高校理论型教师和实习学校层面经验丰富的骨干教师的结合，可以使得案例教学既有实践层面深层次的体验，又可以从案例中收获一定的理论。因此，在高校和实习学校一体化外语教师培养培训模式中，要充分利用案例教学法，并通过合理的人员配置、有效的资源利用来使得案例教学法的作用得到最大化发挥。

第二节　完善教师入职教育

一、外语教师入职培训

培训是一种有组织的、正式的学习活动，是继续教育的重要组成部分，是终身学习的一种有效途径。外语教师入职培训是有计划、有目标地组织外语教师参加与教育教学工作相关的学习活动，是一种外语教师教育过程。外语教师培训旨在改进和发展外语教师的专业知识、专业技能、专业态度和工作行为，从而挖掘和发挥外语教师的工作潜能，使外语教师适应教育改革和发展的需要，最终实现学校组织发展和个体专业发展的双重目标。根据外语教师培训的概念，外语教师培训即指有目的、有计划地组织外语教师参与的教育学习活动。外语教师培训是目前一线外语教师的一种重要学习方式。作为外语教师继续教育的重要组成部分，是促进外语教师专业发展、加强师资队伍建设的重要途径。

早期的教师教育只包含职前培养的阶段。随着社会发展速度越来越快，职前培养的内容已经不足以贯穿教师们的整个职业生涯。在职的外语教师们急需在岗位上继续根据社会的发展和教育的发展提升自身。于是，外语教师继续教育、在职培训等事物才应运而生。在新中国成立的初期，随着教育事业的逐步恢复，就出现了师资不足的情况，急需补充人才进入教师队伍。为了解决这一难题，教育部提出通过开展师资短期培训来补充师资力量，这是教师在职培训在我国发展的雏形。我国教育部在1977年下发的《关于加强中小学在职教师培训工作的意见》中首次使用了"教师培训"的概念。

二、外语教师入职培训的"三大需求"

外语教师入职培训体系模式构建必须符合以下几个需求，并实现这几个需求之间的有机统一。

（一）从需求主体来说

外语教师入职培养培训模式的需求主体包括高校、入职学校和其他利益相关共同体。从需求主体来分析，外语教师入职培养培训模式的构建，一是要符合并满足高校自身的发展需求，包括高校专任教师的工作、学习与发展需求，高校教育专业课程设置改革的需求，高校提升人才培养质量的需求，高校教育专业提升专业培养质量、提升专业品牌知名度、提升就业率的需求。二是要符合入职学校发展的需求，尤其是新外语教师专业发展需求、外语教师队伍建设需求。其他还包括入职学校教育质量提升与发展的需求。三是要符合社会或者当地对教育人才的需求。

（二）从教师教育转变趋势来说

现在我国的教师培养和培训不再由师范院校单独承担，而是呈现出一种多元开放的格局。这种多元开放正体现出了以下三个转变。

第一个转变，从教师总体上的供求关系来说，已经逐步从数量满足向结构调整转变。

第二个转变，对教师的学历要求方面，已经从学历达标向学历提升转变。

第三个转变，对教师素质的要求已经从单一的技能型人才向研究型、专家型教师转变。

以上这三个转变主要针对中小学教师，但这些转变趋势对不同阶段的教师同样适用，这三大转变带来的需求也是外语教师入职培养培训模式应当追求的。

（三）实现机构一体化

造成职前和职后教育分化、孤立、各说各话的根本原因在于，就目前我国外语教师教育来说，职前教育机构和职后教育机构是分立的，而这种分立是造成职前、职后脱节的主要原因之一。师范院校、高校等负责职前教育部分，地区性教育学院和教师进修学校负责职后培训。为了扭转这种局面，必须以政府为牵动，实现这些机构的一体化。这里的一体化并非指高校和教育学院、进修学校、入职学校的完全合并，而是必须达成一种深度的联合状态。管理体制一体化。在这个问题上，有学者建议，要建立以高校为本位的外语教师职前教育和教师职后培训一体化的管理体制。类似于上述机构一体化，对于两个机构，要实现管理体制完全的一体化也是不太现实的。但是最起码最基础性的要求是要达成在外语教师培养培训和专业化发展支持方面的一体化，如一体化的教师成长档案建立等。这样才能使二者能够协调配合、紧密合作。

师资队伍一体化。师资队伍一体化是指为合理配置和有效利用资源，高校师资和教育学院、教师进修学校师资及其入职学校的实践层面师资互相分享的方式。

课程内容一体化。根据外语教师专业发展的整体进程合理设置各个阶段的课程，实现课程内容上的一体化，让外语教师的成长和专业化更加高效，不走弯路。

三、外语教师入职培训的策略

（一）培养休系从一元到多元

在当今多元文化的社会格局和时代背景中，多元文化日益受到学者们的重视。表现在学校中则是多元文化教育的展开；表现在教师教育中，则是教师培养体系的开放性、多样化。长期以来，我国高校的外语教师培养与教师培训分属不同的教育机构，分散了有限的教育资源，增加了教育成本，造成了教师培养的不经济，也违背了教师继续教育的规律。

为此，我们要打破外语教师职前教育、入职培训、职后培养各自为政的局面，实现外语师资培养的一体化，着力于外语师范教育定向培养与非定向培养的有机结合，拓宽外语教师的来源与渠道，促进外语师资培养的多元化、开放化和综合化。这样才能充分发挥各种类型高校的作用，"把具有促进教师专业发展功能的各种教育机构联系起来，对教师职前、入职和在职教育进行全程规划，建立起教师教育各个阶段相互衔接的及各有侧重的一体化体系"，形成"职前培养""考试录用""入职训练""在职进修""资质评价"的完整教师培养体制。

（二）高校外语教师的培养重心从学科到实践

我国对外语师资的培养重在专业素养，强调外语语言知识的掌握，在对外语教师进行教育学、心理学、管理学、社会学等综合文化知识的培养与训练方面轻描淡写，导致教师学科教育能力的科学性和实效性较低，外语教学的质量与效果差强人意。另外，很多外语教师是做科研的专家，经常发表高质量的学术论文，但教学技能欠缺，不能在课堂上深入浅出、融会贯通地传授知识，也不能称得上是一名优秀的教师。因此，我们的外语教师培养重心应从学科转到实践，增加教学实习、实际操作的比重，全面提升外语教师的学科专业学术水平、教育理论研究素质和教学实践能力。这既能提高教师的入职标准，是教师成长的另一个起点，也有利于改革我国的教师培养制度，建立稳固的教学实习基地，打造多边共赢的局面。

（三）高校外语教师的培养方向从职业到专业

我国的高等教育专业划分太细，急于培养有用之人，传授为主，内化不足，降低为纯粹的职业教育，也进而导致教师的专业地位模糊。自20世纪80年代后，研究者愈来愈认识到这样一个事实：只有增强教师的专业水平，才能发展教师广泛而深刻的职业生命，保持教师的专业活力。随着我国教师教育改革的推进，高校外语教师的培养方向也逐渐由职业向专业转换。高校外语教师专业化是一个比简单的教师在职培训更为宽泛的全方位概念，其本质上是教师的自我发展与成长，是教师不断接受新知识、增长专业能力、逐步达到专业成熟境界的过程。在教师专业化的规格、标准得以保障的前提下，高校外语教师的社会地位、经济待遇、工作条件、职业声望、专业化水平将得以提高和巩固。这是一种专业资格的认定，更是一个提高能力、扩展兴趣、胜任工作的自觉追求和奋斗历程。

第三节 发展教师职后教育

一、外语教师专业化发展中职后教育的意义

（一）外语教师的专业化发展需要开展职后教育

我们知道，教育教学工作是一项兼理论性、知识性、实践性和经验性于一体的工作，这就决定了教育教学能力提高是一个相当长、需要不断学习、不断接受教育的过程，这就要求外语教师注重专业化发展，不断学习，否则在教育过程中可能出现教学素养跟不上时代发展步伐的情况。因此，外语教师应坚持不断学习、不断接受教育，职后教育是外语教师进入教师岗位一段时间后对其进行的继续教育，它并不是对少数不合格外语教师才有价值和意义，是一种达标、合格教育，而对每个外语教师来说都具有重要意义，它是外语教师专业化发展的需要。

（二）外语教师教育改革需要开展职后教育

近年来国家越来越重视教育改革的实施，外语教师作为国家教育改革的重要实施者，其本身素质的高低会直接影响教育改革实施的效果。因此，近年来我国也十分重视教育改革，意在通过改革教师教育来不断发展师资力量，推动教育改革的实施。教师教育改革在实施的过程中，除了要求不断提高教师的各项素养、更新教师教育观念，还十分重视教师的继续教育，即通过职后教育来提高教师的各项素养，使其能跟得上时代发展的步伐。

二、外语教师专业化发展中职后教育的策略

从外语教师个体的专业化发展需求看，职后教育不仅要满足他们的学历教育需求，更要满足以新理念、新知识、新技能为主要内容的业务提高需求；不仅需要帮助他们更新知识与观念、提高技能与能力，还需要增强其科研、创新的意识与能力。具体来看，在专业化发展进程中，开展外语教师职后教育可从以下几方面入手。

（一）完善外语教师继续教育制度

继续教育是面向学校教学以后所有社会成员特别是成人的教学活动，是终身学习系统的主要组成部分。它是教学安排依据社会和大众需要展开的使受教育者更新知识、进一步提升创新能力和个人素质的教学活动。外语教师以教书育人为本，这一职责不仅要求外语教师要有丰富的知识和德行修养，而且要求外语教师要紧随时代发展的步伐，具备先进的文化素养。因而，外语教师必须时时更新自己的知识，不断充实和补充职业发展最新成果，这是外语教师完成自己的使命、获得专业发展的必然要求，也是外语教师职业化的重要内容。因此，在当前深化教育改革、提高教育质量的背景下，如何有效地组织与实施外语教师继续教育，促进外语教师专业发展，提升外语教师

综合素质，进而提高教育质量，是我国教育改革过程中一个亟待解决的问题。近年来，我国已经越来越重视对外语教师的继续教育，但要想真正推动外语教师继续教育，还需要不断完善外语教师继续教育制度。

（二）开展多种形式的外语教师职后教育活动

从我国教师职后教育的情况来看，长期以来外语教师参与的职后教育活动都是统一制定的、单一式教育活动，但事实上，外语教师职后教育的需求各不相同，这些教育活动不可能满足不同层次外语教师的需求，这就要求根据他们的不同情况为其提供多元化的职后教育活动，以满足他们多样化的需求。面对"多样化"的培训诉求，外语教师职后教育组织者可按照具体培训对象的需求，研发项目、定制课程、设计活动；教学内容、教学方法和组织形式，要以工作需要为导向，为外语教师提供学校教学改革发展中所需要的内容，服务于教师专业生涯的持续发展，为他们的素质提升提供"增值"服务。

具体来看，在实践过程中，应从校园实践情况以及战略展开需求动手，依据外语教师职业岗位的实践需求和外语教师队伍的实践情况及各类人员的改变等特点，进行不同层次的教学和培育，在训练内容上做到"缺什么提高什么，需要什么学习什么"，学以致用、学用联系。

（三）通过多渠道为高校外语教师提供多元化培训

高校外语教师职后培训无法由某个机构单独完成，而且目前我国也没有这样的机构。既然如此，我们就只能立足现实，利用现有资源来开展高校外语教师职后培训。大量研究实践表明，高校外语教师最希望提高和最欠缺的两个方面分别是语言教学方法和理论、语言基本技能。而这两项培训完全可以由外语师资力量较强的本科院校来完成。除了已有的学历教育，还可以利用双休日、寒暑假开展不同形式的中短期培训班，这样既利用了本科院校的教学资源又照顾了高校外语教师的工作需要。外语行业相关的知识与技能则需要企业的配合，让教师深入到企业学习或者聘请经验丰富的工作人员来校授课。高校也可以进行校本师资培训，比如邀请专家开展讲座，让教师了解国际主流的二语语言教学方法和理论；请本校计算机或电化教学专业的教师开展现代教育技术培训等。

（四）制定个性化的高校外语师资培训计划

个性化高校外语教师培训计划的制定需要教师本人、专业教研室、系部及高校相关行政部门共同参与制定，应该是从下至上的。但前提是学院的行政部门应先制定出每一学年全局性的师资培训规划，如可以派出多少教师参加继续教育及什么时间段派出，以便保证学院的正常教学不受影响。教师个人最了解自身在专业发展中的需求和欠缺，因此应该由外语教师本人在学年初提交培训申请。培训的内容要体现并有利于合格高校外语教师素质的养成，可大致分为几个方面：外语语言知识和技能、二语习得及外语教学法、教育学及心理学知识、与外语相关的行业知识与技能、现代教育技术。外语教师个人的培训申请交由教研室主任审核并汇总，将不同的培训需求进行归类并提交给系部审阅。由系部根据学院的整体规划及教师个人需求联系培训机构，并决定参加培训的具体人员。这种由教师本人参与制定的培训计划目的明确，尊重了教师本人的意愿，也可以避免行政化指派带来的资源浪费。当然，每年派出培训的教师人数有限，不可能兼顾所有教师的需求，这就需要相关的负责人在工作中坚持公平性原则。高校外语教师培训需要教师本人、高校、政府和企业的共同关注，缺少任何一方都无法满足高校外语教师专业发展的需求，进而影响到外语类高校人才的培养质量。

第四章
高校外语教师专业能力提升与修炼途径之二：构建学习共同体

近些年来，有关学习共同体的研究开始在学术界受到密切关注。学习共同体作为共同体类型的一种。它不仅是指一种实体和组织，而且还体现出一种精神和意识。围绕学习共同体及其相关内涵进行探讨，对促进教学研究以及外语教师专业化的发展有着积极的作用和意义。本章主要围绕学习共同体的相关内容进行分析。

第一节 共同体与教师学习共同体

一、共同体的内涵

如果对共同体的概念进行纵向分析,不难发现,其内涵与外延始终都处在动态的变化中。甚至还有一些学者指出,人们对共同体的概念缺乏深入的认识,并没有给出一个非常明确的解释。还有些人在认识共同体时掺杂着个人的主观成分。例如,一些观点认为,社会上的每一个个体都能决定其自身共同体的构成形式,如可基于邻里关系、民族群体以及工作同事等形成共同体。并且,一个人还可以同时属于多个共同体。但是,每个人对这些共同体的依附程度可能存在着一些不同。这样一来,也就使得对共同体概念的理解趋向于更加复杂化。

共同体的英文表述是community,该词存在着多种译法,如社群、社区以及共同体等。在1981年,德国著名的社会学家滕尼斯（Ferdinand Tnnies）在他所著的《共同体与社会》这本书中第一次提出了"共同体"这一概念。在这一著述中,他对两种比较常见的社会生活群体community与society进行了明确的区分。其中community具体指的是同质的、自然形成的,如家族、村庄和家庭等。society具体指的是随后形成的,属于有目的的人工制品和联合体。以滕尼斯的观点来看,共同体是建立在相关人员本能的习惯制约的或者中意的适应或者共同记忆基础上的。与之相反,社会是产生在诸多个人思想以及行为的有目的、有计划的协调,诸多个体为了实现其共同的、特定的目的而聚合在一起。与共同体类似,社会其实也属于一种人的群体。这些群体中的人以和平方式相互共处地生活和居住在一块儿,但是,他们的这种共处不是结合在一起的,而是基本上处于分离的状态。

共同体具有古老的特点,但是社会却是新的。以萨乔万尼（Thomas Sergiovanni）的观点来看,社会往往会受到理性的引导,是建立在规则的基础之上的。但是,共同体属于共享的观念和价值,是建立在规范基础上的。换句话说，共同体属于自然社会，它是以血缘、地缘和地理等因素为基础的，但是，社会属于人为的联合，是以分工和合作、理性与规则为基础的。

然而，步入现代社会之后，伴随着都市化、工业化以及社会流动等的加剧，滕尼斯所谓的自然的、同质的、原始的共同体开始逐渐走向衰落。就像涂尔干（Emile Durkheim）所说的那样，异质的、强调分工与合作的、团结起来的"有机关联"（社会）得到了迅速的发展，并将"机械关联"（共同体）取代了。这种利益强化的、理性驱动的建立在情绪、情感以及传统习惯基础上的共同体开始慢慢地被利益驱动和理性主导的社会所取代。韦伯（Max Weber）认为，"本质意志"被"选择意志"所取代已经成为社会发展的大势所趋。

鲍曼（Zygmunt Bauman）也曾经坦言，一方面来看，对于现代社会中的人们而言，共同体虽然是好的，但是也往往夹杂着一些怀旧的情感成分，主要是因为共同体这一成分所传递出的含义通常都预示着快乐，并且这种快乐通常是需要我们去经历并体验的。

二、教师学习共同体

（一）学习共同体的内涵

学习共同体可以被称为一种特殊类型的共同体。这一概念是以共同体的概念为基础形成的。在此将"学习共同体"的概念具体阐释如下："学习共同体是指在班级教育活动中，以共同愿景、价值和情感为基础，以真实任务为核心，师生、生生之间持续的、深层的合作和互动，共同成长、共同进步的学习组织与精神追求。"[①]这一对学习共同体的界定，不仅将其看成了一种组织与实体，同时还将其看成了一种意识和精神。

---

① 潘洪建."学习共同体"相关概念辨析[J]. 教育科学研究，2013（8）：12.

我国学者卢强还从课堂教学的视角对"学习共同体"的内涵进行了重新审视，并从有形场和无形场这两个层面建构了学习共同体。具体如图4-1所示。

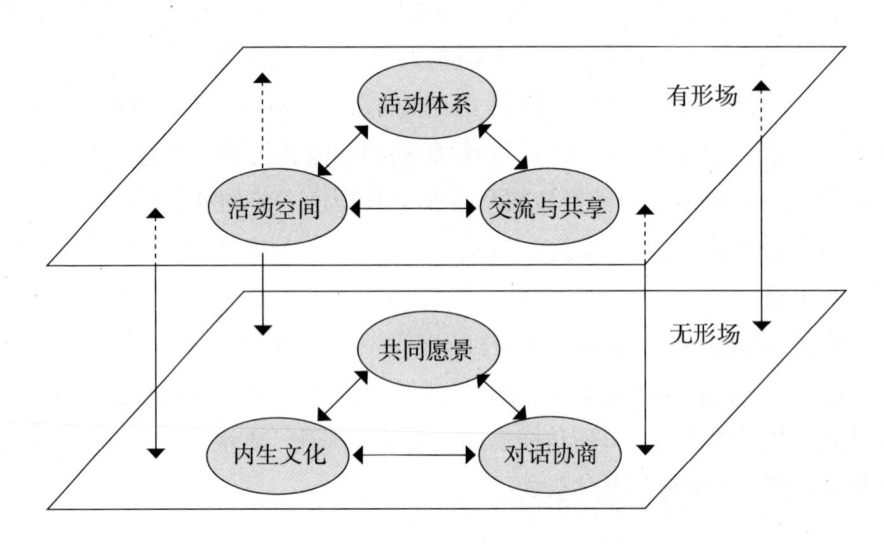

图4-1 课程教学视域下的学习共同体概念模型

（资料来源：卢强，2013）

"无形场"具体是学习共同体宏观层面的建构依据和指导，是对共同体愿景的创生，是生成无形文化和使对话协商关系持续的内容。共同愿景可以说是动力，同时也是共同体发展的大体目标。内生的文化是共同体的内涵，同时也是共同体发展的基石。对话协商属于共同体的存在方式，是作为学习共同体为何作为共同体存在的交互方式。"有形场"是学习共同体实践的流程、方式与机制，具体涉及活动空间、活动体系以及交流与共享这几大方面的内容。活动空间具体是指活动所进行的场所，是活动的参与者实现其身心发展的场域。活动体系具体是指学习共同体组织活动的基础，活动的实施也要以此为依托。交流与共享是共同体的交互通道，是群体智慧得以生成的具体路径。这样一来，"无形场"中的愿景以及文化与对话协商就成为联系共同体成员的纽带，并使交互的气氛得以维持；"有形场"的流程、方式和机制就是课堂教学的原态得以改变，并走向新的原态，从而能很好地彰显课堂

第四章　高校外语教师专业能力提升与修炼途径之二：构建学习共同体

教学的结构性变革。

通过对上述学习共同体的概念进行分析不难看出，这一概念在长时间的发展中还与学习班集体、合作学习小组等概念存在着一些交叉，对这些相关的概念进行阐释分析有利于厘清学习共同体的边界，并对学习共同体的实质有更好的把握。为了对学习共同体有更加全面的认知，下面分析与学习共同体相关的几个概念。

1.学习型组织

组织通常包含着特定的制度规范、权利结构以及运行机制，它是作为一种有序的社会结合存在着的。从发展演进的角度进行分析，组织这一概念出现得要比共同体晚。

从经历的形式来看，组织通常经历了：（1）科学组织（如泰勒的科学管理组织）；（2）科层组织（如韦伯的科层组织）；（3）扁平的科层组织；（4）网络组织。其中泰勒（Frederick W. Taylor）的科学管理以及韦伯的科层组织就在工厂、企业、机关运用得非常普遍，并且这两种组织形式也很快被运用到学校的教学实践中了，这一运用其实是将学校视为工厂的流水线，并以课程标准为依据来生产大批量的同质化的学生。

受到工具理性主义支配的科层组织后来又受到了质疑和批判，进而涌现出网络化的、扁平的组织形式，并呈现出诸多种类型的组织形式共存的局面。在1950年前后，人文主义思潮得以复兴，这就使共同体的精神得到了觉醒。在几乎同一时间，就应运产生了"学习型组织"的概念。

彼得·圣吉是一位研究学习型组织取得较大成就的学者，他对学习型组织的五大特征进行了总结。

（1）自我超越；
（2）改善心智模式；
（3）建立共同愿景；
（4）团体学习；
（5）系统思考。

上述对学习型组织的总结又被称作"学习型组织的五大修炼"。他对学习型组织的研究为建设学习共同体提供了理论参照和基本的框架。

但是在有些文献中，还会将"学习共同体"和"学习型组织"这两个概念混同起来使用。例如，在《变革的力量——透视教育改革》这一著述中，著名的加拿大教育学家迈克尔·富兰（Michael Fullan）如此说道："学校现在还不是学习型组织，……看一看校长和教师还有什么工作要做，以便把学校从一个官僚主义的机构转变为一个兴旺的学习者的共同体。"根据威廉·马洛伊（William Malloy）的观点，"学习共同体"这一概念其实就是对学习型组织这一概念的转换。还有一些研究者将这两个概念放在一个互相解释和补充的循环中，甚至用学习型组织对学习共同体进行阐释和分析。"学习共同体就是一种学习型组织，是学习型组织在教育领域中的应用"，因而学习型组织中倡导的团体学习、组织优化和共同愿景也是学习共同体的重要特征。

基于以上分析，我们认为，学习型组织和学习共同体存在着一些相似之处，不管从理论基础上还是实践策略上进行分析，它们都存在着很大的重叠和交叉，并且相互之间彼此借鉴和相互吸收。二者都强调学习和发展，并关注所有成员的参与和共同提升，以及成员之间的经验交流和分享等。但是，学习共同体还吸收了一些学习型组织中的因素，如自我超越、心智模式的改善等。学习型组织也吸收了一些学习共同体中的身份认同、团体学习等，二者之间存在着相互支撑的关系。但是，不同之处在于这两个概念却有着不同的实践旨趣和理论追求。如果从目标追求层面进行分析，学习型组织所追求的是组织的目标和组织的绩效，希望借助于缩短个人差距，来实现组织的最佳发展，进而完成预期的组织任务。建设学习型组织是为了促进组织的发展。个体的发展通常仅仅有其工具意义，但是非常容易忽视个体的需要。学习共同体所追求的是处于群体中的个体发展，并借助于互动学习来实现共同发展，不能让其中的任何一个成员掉队，它所倡导的是差异化的发展。

从价值取向层面进行分析，大多学习型组织具有任务型的特点，并且会受到理性的支配，具有浓厚的功利性色彩。相比之下，学习共同体所强调的是彼此间的互动以及真实的情境，它的情感色彩以及理想成分更多一些。学习型组织所关注的是系统的思考和团体的学习，并将任务和效率作为其导向。学习共同体所重视的是情感层面的支持、共同精神以及个人认同。

从组织层次进行分析，学习型组织所适合的是社会团体、企业等，相比之下，学习共同体所适合的层次更多一些，涉及组、班、学校、社区、社会等，但是，学习共同体更多的是指由特定的学生群体组成的学习共同体。

2.学习集体（班集体）

"集体"这一概念是在苏联的社会心理学和教育学中被普遍使用的一个概念。具体而言，集体是指对执行社会职能有益的、高度发展的群体。同西方社会的心理学不同的是，苏联的社会心理学在对群体分类进行研究时，通常都将社会主义社会中所使用的"集体"当作一种特殊的组织形式与群体。就班集体（学习集体）而言，其以"集体主义"为指导思想，倡导个人应从属于社会。个人的利益也应服从民族、集团、阶级以及国家的利益。

"班集体"也是属于集体中的一种普通类型。这一类型的集体组织通常是依照班级目标以及教育规范组织起来的，是一种以共同学习活动和直接性人际交往为主要特征的社会心理共同体。一个健全的班集体通常应具有明确的政治方向、严肃的纪律、正确导向的舆论和勤奋好学、团结友爱的良好风尚。同时，多样化的教育活动、得力的班集体核心以及良好的班风等也是一个班集体的重要构成要素。

事实上，学习共同体和学习班集体都可以被看作心理共同体，并且属于社会群体的类型，这两种类型的共同体都强调共同意识和精神，并且注重团队成员间的协作和互动，追求成员的多方位发展和进步，并且他们都能为个人提供归属感和安全感，以满足个体的社会性需求。但是，二者还在诸多层面存在着差异。

从概念归属层面进行分析，班集体更加倾向于学校管理和德育这一范畴，班集体的建设也属于政教处和班主任工作的重要内容。与此同时，这一概念在社会主义国家使用得比较广泛。但是，学习共同体则属于社会学、学习科学以及人类学的范畴，学习共同体很少会受到社会制度的限制。

从价值导向层面进行分析，班集体所追求的是集体主义。并且强调任何言行和行动都应符合集体利益，如果个人利益与集体利益发生了冲突，个人利益应服从于集体利益。这其实表明了集体利益重于或者大于个人利益这一主张。但是，集体利益通常还会在集体内部形成领导层与非领导层，造成集体内部的不平等。其实这种发生在集体内部的强势集体对弱势集体利益的侵犯是一种非常普遍的现象。就事实来看，很多强调集体主义的"集体"都在不同程度上侵犯并剥夺集体内个体的利益。并且，这种普遍存在的"大多数人的暴政"的不平等状况无形中使集体主义变成一个空泛的概念，更有甚者，还会蜕变成特殊利益集团的"集体主义"。相比之下，学习共同体所强调的是自主性和多元性的互补和结合，主要是因为共同体并不是一种抽象的存在，而是一种自主性和多元性发挥作用的环境。对于每个个体而言，都有行使自主性的权利，并做出相应的选择，共同体为自主性和多元性的发挥提供了有利的空间。

从互动方式层面进行分析，班集体是将直接交往作为主要特征的人际关系系统，注重集体内部成员间的直接交往和人际互动。当然，学习共同体也强调交往，但是，并不是直接的交往，还极有可能属于虚拟网络的交往或者间接的交往，它更加倾向于共同体的共同意识和情感联系。

从目标追求层面进行分析，班集体建设强调建立共同的理想、共同的舆论、共同的奋斗目标以及统一的意志和纪律。共同体在建设时更为注重成员间的持久性合作，并形成共同的精神和意识，共同体建设鼓励多元化，并尊重差异性。但需要注意的是，作为社会群体的学习共同体和班集体都关涉怎样处理好个人同社群关系的问题。到底应如何处理个人和社群间的关系，也是当前自由主义和社群主义所密切关注的焦点话题。对于这一问题的探讨，至今并没有达成共识。

3.合作学习小组

合作学习小组也是一个非常容易和学习共同体混淆的话题。这两大概念也存在着很多重叠和交叉，需要进行分辨和明确。二者的共同之处在于都强调成员间的交流、合作和共同成长。共同进步与合作互动是合作学习小组和学习共同体的共同追求。二者都将知识的社会建构作为出发点，注重意义的合作建构，鼓励学习者之间的经验交互。当然，二者也在很多方面存在着差异。

从缘起进行分析，合作学习小组是以社会心理学、教育心理学为基础进行的研究，并广泛吸纳了心理学的研究成果。将个体的知识掌握、学习态度与情感变化以及认知发展这几大要素聚焦在了一起，更为关注同辈或者同伴间的水平交流。但是，学习共同体发源于社会学和人类学的研究，并广泛吸收了这两个学科的研究成果，将聚焦点放在学习者的社会文化成长方面，这有利于促进真实意义的生成。

从控制水平层面进行分析，合作学习小组属于强控制的类型，而学习共同体属于弱控制的类型。就课堂教学中的合作来看，大部分属于结构化的合作，学习任务、学习步骤以及学习规则等也往往都是由教师事先规定或者安排好的，学生在规定的时间内依照规则和要求进行对话交流并完成相应的学习任务即可。但是，学习共同体中学生的相互合作却带有半结构化的性质，虽然有规定的任务，但是学生间合作的时间和空间、组织分工与合作过程等都有很大的弹性。对于一些较高水平的共同体而言，学生的协作和合作也往往带有更多自发性质，并不仅仅局限于学科学习，还经常在道德交往和日常生活中发生。换言之，学习共同体在发展层面已经渐渐地超出了教育学的水平，逐渐迈入人类学和社会学的水平层次，很好地体现了学习者在真实社会中所具备的文化特征。

从目标追求层面进行分析，合作学习小组将其侧重点放在了掌握知识技能以及认知发展层面。相比之下，学习共同体除了重视知识技能的学习之外，还对真实任务的解决给予了密切的关注。同时还关注在解决任务的过程中身份的形成以及社会文化的成长。在合作学习小组中，合作仅仅是作为一种学习方式存在的，借助于合作学习有利于促进知识的理解和掌握。然而，在学习共同体中，其合作所追求的是形成合作学习的文化以及对学生的社会发展所起的促进作用。学习共同体是以合作学习为基础的，但同时又超越了合作学习这一层次。学习共同体对学习者之间的会话、协商等给予了密切的关注，它所强调的是自发的、有效的、有深度的合作。因而，小组合作是建设学习共同体的基础，并且是建构学习共同体的必经阶段。

(二)外语教师学习共同体

在宏观上,外语教师专业发展依赖于国家的政策法规作保障。外语教师的专业发展具有开放性和合作性,它不仅是外语教师的个体行为,也是外语教师团队的群体行为。因此在微观上,外语教师的专业发展必须依赖良好的职业成长环境和群体间的互动氛围,需要一种研修相长的生态环境和良性运行机制。这样,外语教师才能在由政府和学校创建的平台上发挥个人创造力,并通过群体中的对话与合作探讨教育教学规律,从而不断对个人的知识、能力和经验进行有效反思与整合,达到促进专业发展的目的。

在这种形势下,外语教师专业发展就需要一个学习组织的出现,使外语教师能参与到组织中学习,能充分地利用群体资源,从整体上促进外语教师专业发展。外语教师学习共同体正是基于满足这样需求的学习组织。在这个的学习组织中,外语教师们就共同的话题,围绕着教育教学的内容,展开对话、进行合作和分享经验,从而实现外语教师共同发展、共同进步的目标和理念。外语教师学习共同体对外语教师专业发展具有积极推动作用,它不仅为外语教师专业发展提供了资源上和情感上的支持,也为外语教师专业发展创设了一个实践、合作、反思的平台,无疑是促进外语教师专业发展的最有效途径之一。

外语教师学习共同体关注外语教师群体的学习,重视对学习"过程"和"结果"的研究,积极创设外语教师合作氛围,引导外语教师进行持续学习、分享,并将所学应用于教育教学实践活动,从而促进外语教师专业发展,最终使学生受益。

第二节　学习共同体与外语教师专业能力提升

外语教师专业发展需要外语教师学习共同体,外语教师学习共同体是在外语教师专业发展的呼吁下应运而生的，外语教师专业发展给了学习共同体发挥作用和实现价值的机会和平台。

外语教师专业发展之所以和学习共同体发生联系，首先是由于传统外语教师专业发展思路的局限性，其次是由于外语教师学习共同体建构的可行性。

一、传统外语教师专业发展模式的局限性

传统外语教师专业发展思路包括"外控"的外语教师专业发展模式以及"自然发展"的外语教师专业发展模式。

（一）"外控"的外语教师专业发展模式的局限性

"外控"的外语教师专业发展模式大多通过强制性培训来完成，如"职前培训"和"职后教育"等。这些强制性培训往往是一种单向传递的模式，接受培训的外语教师往往是被动的、消极的，而且培训内容缺乏针对性、培训模式单一。强制性培训的这些缺点都限制了外语教师专业发展的步伐。

（二）"自然发展"的外语教师专业发展模式的局限性

"自然发展"的外语教师专业发展模式，主要表现在外语教师的孤军作战方式以及学校的不干涉态度。

教学是知识从外语教师向学生的传递，因此外语教师行业比较特殊，外语教师往往是独立的教学、独立的研究，从孤立的经验中学会教研，而不寻求同行或者专家的协助。

另外，外语教师往往不会批判或者指导同行的教育科研工作，长期处于自我封闭的消极保守状态。

这样的"自然发展"严重制约了外语教师专业发展。事实上，外语教师

应该梳理好"个人的教育"和"群体的教育"之间的关系，厘清外语教师个体的成长不应是通过个体孤立的自我成熟实现的，而应该是在外语教师群体中通过彼此的交流、协作来实现的。

以上两种传统的外语教师专业发展模式并未充分利用各种资源来实现专业发展的目标，都忽视了外语教师群体发展对外语教师个体发展的促进作用。而外语教师学习共同体挣脱了外语教师专业发展的"自然"模式和"外控"模式的束缚，积极调动外语教师主观能动性，挖掘外语教师的内驱力和自律性，成为有效促进外语教师专业发展的最终诉求。

二、构建外语教师学习共同体的可行性

构建外语教师学习共同体之所以是可行的，主要是因为外语教师构建学习共同体具有很多有利条件，具体如下。

（1）随着我国教育改革的进一步深化，各级外语教师在教材的选择使用、教学方法的运用、学生考核等方面的主动权不断增强，这是外语教师专业发展的必备条件。

（2）学校的每门学科都有自己的专业组织，便于形成科学高效的专业队伍，这是外语教师专业发展的一个重要因素。

（3）外语教师通常都接受过高等教育，其科研能力也达到了一定的水准。一定程度的科研能力为外语教师学习共同体中的"对话、分享、协商、反思"奠定了坚实的基础，有利于反思型外语教师、研究型外语教师的培养。

第三节 学习共同体视角下高校外语教师专业能力提升的路径

一、同伴观摩

（一）同伴观摩的概念

顾名思义，同伴观摩模式是指同行业的同事之间互相进行课堂倾听的模式。在该模式下，听课的外语教师应该保持坦率、真诚的态度，加倍关注任课教师的教学行为，而不仅仅是对任课教师进行监督和评价，从而既推动着任课教师的发展，也对自己的课堂教学有着一定的借鉴。当进行同伴观摩时，任课教师与其他观摩教师就该课堂的教学环节、教学问题展开分析和商讨，而后决定采用何种观摩形式，观摩结束之后，外语教师之间要对观摩的结果进行总结。

（二）同伴观摩的意义

一般情况下，同伴观摩模式对外语教师的发展有着重要作用。

首先，同伴观摩对被观摩者和观摩者都具有重要意义。同伴观摩需要任课教师与观摩教师的共同参与、共同合作。对于观摩者来说，他们观摩的是同伴的教学策略、教学实践、教学效果等方面，从而找出其教学的优缺点，并将好的层面运用到自己的教学实践中。对于被观摩者来说，他们可以通过观摩者给予的建议，对自己的教学活动进行总结，从而不断改进自己的教学过程，收获更好的教学效果。

其次，同伴观摩可以避免评估观摩模式与监督观摩模式带来的不利影响。一般情况下，监督观摩模式带有浓重的监督和评估的色彩，且他们对于任课教师的评估往往存在较大的主观性与规定性，这极大地影响着任课教师的心情和教学展示效果。相比之下，同伴观摩就不会出现这一情况，因为他们的地位身份比较接近，因此进行观摩是非常容易和合理的，从而促进外语教师的教学发展。

总之，同伴观摩模式为高校外语教师的教学能力发展提供了一个平台，推动着外语教师向着更高层次的水平迈进。

（三）同伴观摩的策略

同伴观摩可以采用多种策略进行。

（1）学习榜样的教学精髓。在进行同伴观摩中，学校可以开展优秀教师讲课活动，让其他外语教师进行观摩，从而便于教师之间的沟通与交流。

（2）学习榜样的成功经验。成功经验能够增强外语教师的自我效能感，增强教师成功教学的信心。

（3）注重去粗取精、去伪存真的科学方法。在同伴观摩的过程中，外语教师可以学习身边的优秀教学经验，从而找到科学的教学方法。

二、校本督导

校本督导模式是由学校成员参与的自主与合作的指导过程，目的是提升学校教育实践活动。一般情况下，校本督导模式主要涉及如下几个层面。

（一）校本督导的内容

1.外语教师个人能力提升

这方面主要强调学校应该关注外语教师的满足与稳定。同时，学校也不能忽视外语教师的身体情况、家庭状况、感情情况等。也就是说，外语教师的个人能力提升涉及职业操守、宗教信仰、兴趣爱好、家庭生活、社会活动等方面。

2.外语教师的专业能力提升

这是校本督导模式的最基础内容，其强调的是外语教师教学技能的发展和提高。具体来说，外语教师的专业发展能力提升主要涉及教学方法、专业知识、课程与教学、实践能力、教育研究、教学目标等方面。

3.各大高校的组织能力提升

其强调的是外语教师生活质量的提高、学习组织氛围的改进、学习发展目标的达成。具体来说，各大高校的组织能力提升涉及人际关系、人事制度、学校规章制度、学校管理计划、学校组织、学校财政、校园氛围等。

但需要指出的是，外语教师个人能力提升、外语教师的专业能力提升、各大高校的组织能力提升这三大层面是紧密联系的，三者相互作用、相互重叠。外语教师专业能力提升是以外语教师个人能力提升与各大高校的组织能力提升作为保障和支撑点的。

（二）校本督导的形式

1.常规督导形式

这是一种必不可少的督导形式，其意义与行政监督有着相似的地方。常规督导形式往往是由学校主管部门或者院系领导定期组织听课，观察任课外语教师的课堂行为与教学活动，从而对任课外语教师提出意见，给予任课外语教师一定的帮助。

2.自我督导形式

这一形式是由外语教师自己制订专业发展规划，然后独自实施，最后完成自己的专业发展规划，实现自己的专业发展。自我督导可以采取多种形式，如参加相关研讨会与座谈会、组织学生评价自己的教学行为、对研究报告和专业杂志进行分析、通过录像等设备来分析自己的教学活动等。

3.教学督导形式

这一形式主要是由督导教师对任课外语教师进行有针对的帮助活动,从而进一步提升任课外语教师的专业技能。这一督导形式面对面的督导,通常采用的方式有诊断性督导、微格教学技术等。其中,诊断性督导形式是最常用的教学督导形式,其帮助的对象往往是新外语教师或者缺乏教学经验的外语教师,有助于帮助这些外语教师解决问题,促进新外语教师向着成熟外语教师的方向发展。

三、师生合作

所谓师生合作,是指目标相同、信念相同、理想相同的外语教师和学生共同构筑的合作模式。该模式包含很多层面,如教学过程、教学内容、教学目标等。只有外语教师和学生都积极地参与到教学活动中,彼此之间进行互动交流,才能保证师生之间实现知识共享。这是构建师生合作模式的最终目的。在构筑师生合作模式时,可以从如下几点着手。

(一)构筑民主的师生关系

就当前的师生关系来说,他们应该是平等民主的。根据民主教育思想,外语教师应该将学生个体的价值突出出来。每一位学生都有自己的权利、自己的尊严、自己的情感需求,外语教师要对学生的这些层面予以尊重,将学生的主体性发挥出来。传统的外语教学强调以教师为中心,即学生要尊重教师,但是应该认识到学生尊重教师的前提是教师要尊重学生。因此,在构筑师生合作模式时,教师应该是民主化的教师,即具备民主的教风、民主的思想、民主的作风等,并且能够与学生平等地进行交流与合作。

（二）构筑合作化的情境

根据情境认知理论，知识的学习是围绕知识运用这一情境展开的。知识的学习不仅是学生在学习，更重要的是教师在学习。外语教师的学习与其工作融合在一起，通过不断地学习，他们可以改进自己的教学质量，提升自己的教学素质和能力。学生的学习就是在固有知识的基础上构建新的知识体系，是基于创造、问题、合作的学习。因此，在构筑师生合作模式时，外语教师和学生都应该创设真实的语言情境，也只有在这些真实的情境中，才能使外语教师、学生、教材形成一个对话的格局。

（三）构筑师生合作的共同愿景

在构筑师生合作模式时，共同愿景是所有人都追求、认可的美好愿望，这是所有人所追求的奋斗目标。师生合作意味着师生之间共同分享、参与、理解。在这里，外语教师和学生都知道他们正在做什么，知道做的事情与生活的关系等。

四、课题研讨

课题研讨压实高校外语教师学习共同体建构的重要模式，其具体的操作程序如图4-2所示。

在制订课题研究过程中，需要注意以下几个问题。
（1）分解不同的课题研究目标，找到研究的切入点。
（2）确定课题研究的思路，并掌握课题的研究方法。
（3）以理论为依据，提出课题研究的假设。
（4）根据不同的课题种类，做好研究设计工作。

具体来说，课题研究主要包括收集资料、汇整材料、剖析材料、总结结果几个步骤。

课题研究需要以课题研讨会的形式进行,会议参与者需要进行详细的记录。课题研讨会记录表如表4-1所示。

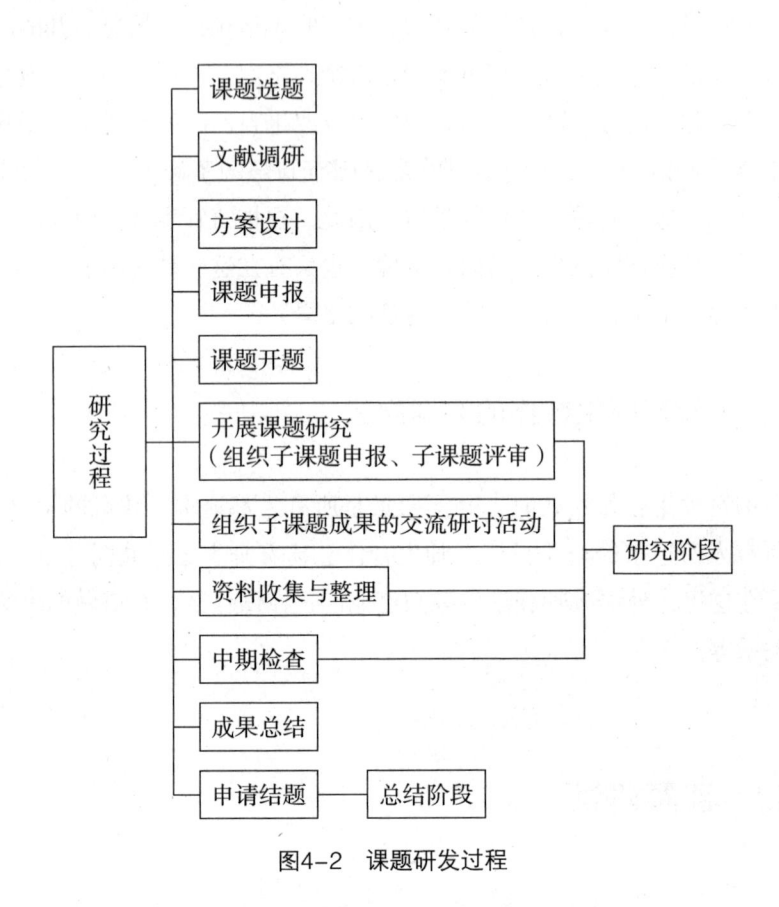

```
                    ┌── 课题选题
                    ├── 文献调研
                    ├── 方案设计
                    ├── 课题申报
                    ├── 课题开题
          研究过程 ──┤── 开展课题研究
                    │   (组织子课题申报、子课题评审)  ┐
                    ├── 组织子课题成果的交流研讨活动 ├── 研究阶段
                    ├── 资料收集与整理               │
                    ├── 中期检查                    ┘
                    ├── 成果总结
                    └── 申请结题 ── 总结阶段
```

图4-2　课题研发过程

表4-1　课题研讨会记录表

课题组名称		研讨时间	
研讨主持人		研讨地点	
研讨主题			
参加人员			
主要内容记录: 一、实验背景(研究背景)			

续表

课题组名称		研讨时间	
研讨主持人		研讨地点	
研讨主题			
参加人员			
二、实验的目标			
三、实验的内容			
四、实验的方法、措施			
五、组织机构			
六、课题形式			
记录人:			
备注:			

五、集体备课

集体备课的方式能够集中不同教师的智慧，是学习共同体建构的基本模式之一。

所谓集体备课，指的是外语教师以科研小组为单位，组织外语教师展开具体的教学方案、教学标准、教材剖析、教学反馈等的制订工作。

具体来说，集体备课的开展首先需要由教研室来组织，然后按照集中研讨、修改提纲、编写教案、信息反馈的方式进行。

在集体备课过程中，要严格遵循完整性、统一性、超前性的原则从而保证教研活动的顺利实施。集体备课有助于信息资源的共享，提高外语教学的质量，这种集中团队智慧和能力的方式也有利于学校现有教育资源的开发。

六、校本培训

校本培训指的是以学校为中心开展的培训工作。这种培训的主要作用是为了促进学校和外语教师的发展，是从学校出发组织的培训计划。

校本培训是对外语教师进行的培养与训练，能够促进外语教师团队的发展。在具体的校本培训过程中，主要由以下几个要素构成。

（1）培训理念。

（2）培训目标。具体来说，校本培训的目标如下，如图4-3所示。

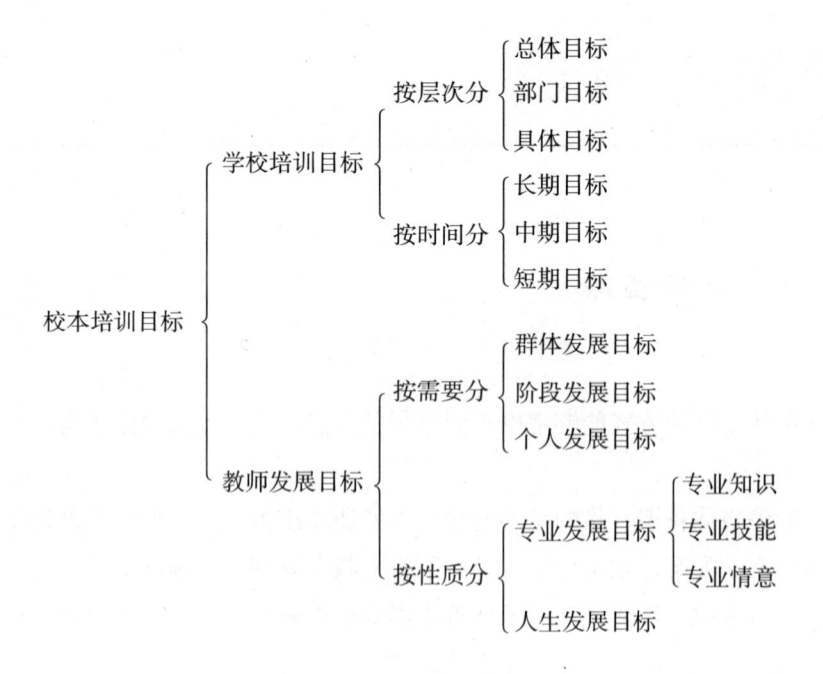

```
                                   ┌ 总体目标
                         ┌ 按层次分 ┤ 部门目标
                         │         └ 具体目标
            ┌ 学校培训目标┤
            │            │         ┌ 长期目标
            │            └ 按时间分 ┤ 中期目标
            │                      └ 短期目标
校本培训目标┤
            │                      ┌ 群体发展目标
            │            ┌ 按需要分 ┤ 阶段发展目标
            │            │         └ 个人发展目标
            └ 教师发展目标┤
                         │                       ┌ 专业知识
                         │         ┌ 专业发展目标┤ 专业技能
                         └ 按性质分┤             └ 专业情意
                                   └ 人生发展目标
```

图4-3　校本培训的目标

（3）培训管理。
（4）培训教师。
（5）培训目标。
（6）培训形式。
（7）培训措施。
（8）培训评估。

七、其他路径

（一）实施以人为本的教师管理

1.加强外语教师的自我管理

外语教师不仅是被管理者，在学校管理中处于被动局面，还应该成为管理的主体参与管理，实施自我管理，践行"以人为本"。为此，高校外语教师要加强与管理者之间的沟通与理解，不断拓展双方交往、沟通的渠道。通过双方的亲密合作，弥补各自的不足，使双方学会换位思考，取得管理的最佳效果，促进各自的发展。

另外，外语教师要以促进自我发展为目标，不断进行自我控制。外语教师要认识到自身的能力水平、权利和义务，严格要求自己，在教育教学工作实践中不断克服困难、解决问题，促进自身专业的不断发展。

2.转变落后的管理方法

高校的管理者，要不断提高自己的素质和人格魅力，处理好高校内部的人际关系。管理者要学会换位思考，不仅要考虑学校的发展任务和发展方向，还要考虑外语教师接受学校任务时的心态、压力等。管理者通过换位思考，避免简单粗暴地对外语教师进行管理，满足外语教师的某些需要，从而使外语教师能够积极主动地去完成各项教育任务，实现自身专业发展。

同时，管理者要与外语教师形成互相尊重与信任的关系，以调动外语教师的积极性；营造一个相互尊重、信任的管理氛围。教师在工作中非常关心自己所发挥的价值，为此高校管理者要充分考虑每一位教师的成就需要，提供有利于教师展露自己才华的机会和平台，大胆培养、提拔教师，改善教师的工作条件；通过科学有效的管理，针对教师的个性特征和独特的心理特点、知识结构，使每一位教师都能得到充分发展。

3.建立科学的教师管理规章制度

在制定高校教师管理的规章制度时，要积极鼓励外语教师的参与，在执行这些规章制度的时候，要充分考虑外语教师的特殊性。这样可以提高教师工作或科研的积极主动性和激发其创造性。

（二）实施教育行动研究

所谓教育行动研究，就是教育工作者，或与研究者结合，在具体教育教学情境中，以解决教育教学实际问题为目的的一种教育科学研究类型。教育行动研究强调教师的主体地位和教育教学实践的理性化，强调教师与教育理论工作的结合。教师专业自主发展最重要的一条途径在于"使教师成为研究者"，开展教育行动研究，无疑能够大大提高高校外语教师的理论水平和实践能力，提高外语教师的科研能力。在开展相关的教育行动研究中，应该注意以下几个方面。

1.健全行动研究的外部机制

建立良好的高校管理制度和评价制度等外部机制，能够有效调动教师进行教育行动研究的积极性和主动性。为此，学校要认同、尊重和理解外语教师的专业地位和主体地位，给予教师一定的自主权，使他们真正成为高校的主人。另外，还应该为外语教师提供理想的职业环境，发挥教师自身的专业潜能和创新能力。高校应激励教师开展教育行动研究，要重视为教师提供制度保障。

2.提供相关的研究资源

高校外语教师在教育行动研究进行学习、促进自身专业发展过程中，必然会受到一系列主客观因素的限制。此时，需要加强科学管理，发挥自身在人力、物力、财力、时间、空间和信息等方面的作用，以不断培养高素质的研究型外语教师队伍。学校要为外语教师创造实现其知识更新的有效途径和有利平台，使他们能够在一个宽松、民主的研究氛围中，围绕着日常教育教学问题进行教育行动研究，不断实现自身专业的发展。

第五章
高校外语教师专业能力提升与修炼途径之三：开展教学反思

美国著名心理学家波斯纳在1989年曾提出教师成长的公式：成长=经验+反思。考文德希德指出："成功的有效率的教师，倾向于主动地、创造性地反思。"可见，反思被认为是教师专业发展的一个核心因素。对于高校外语教师而言，开展反思性教学，立足于自我批判与自我观察，发现教学中的不足，改革自身教学的不良行为，通过科学地、系统地分析和研究教学中的问题，对教育品质与教学质量的提高，以及教师的自我发展而言意义重大。本章主要就反思性教学这条路径来探讨高校外语教师专业能力提升。

第一节 教学反思与反思性教学

一、反思与反思性教学

反思的观点是由杜威（Deway）首先提出来的。20世纪初，反思性思维与反思性教学开始受到杜威的提倡。杜威在《我们怎样思维》中对反思性问题进行了集中讨论。在他看来，"'反思'是一种特殊的思维形式，发生于某种直接经验情境中的疑问、窘迫，由此引起有目的的探究和问题解决。"[1] 他借助以往经验中所观察到的现象进行推理，同时这些推理要进行检验，然后作为将来推理的依据。因此，通过"反思"，行动与知识结合起来。杜威意识到了教学问题情境是复杂的，充满变化，并没有普遍的行之有效的问题解决方法，所以他强调"教育即生活""在做中学""在经验中反思"，并非"为未来的生活做准备"。

杜威是教育史上第一位论说反思性思维培养的教育家。他认为，培养反思性思维应成为教育的中心目的，"学习就要学会思维"；具备了反思性思维的能力，就能够"将经验到的模糊、疑难、矛盾和某种纷乱的情境转化为清晰、连贯、确定和和谐的情境"，实现有效学习。为此杜威提出"从做中学"和"从经验中学"的新教育理念。然而，杜威关于反思性思维培养的论说只限于教师对学生的维度，并没有明确将其应用在教师教育领域，但是他的基本思想却是可以借鉴的。对于反思性思维的培养，杜威强调态度养成和方法训练的结合，认为只注重方法层面的知识是不够的，"没有任何一种系列的思维知识和练习能把人造就成良好的思想家"，还必须有运用方法的愿望和意志，"不能把一般性的抽象逻辑原理和精神上的特质分离开来"。

---

[1] 肖自明. 论反思性教学与教师专业成长[J]. 西安建筑科技大学学报，2002（3）：42.

杜威提倡在培养开放性、专心和责任心这些个人品质和特质的基础上，辅以逻辑方法来培养反思。据此，他设计了一个教学方案，大致遵循以下进程。

（1）提供给学生"经验的真实情境"，并保证学生对之有兴趣。
（2）准备好情境，使学生产生"真实的问题"。
（3）指导学生通过观察和收集相关资料，形成解决问题的假设。
（4）协助学生考查、推敲假设，确立方案。
（5）让学生按照自己的方案去解决问题，以验证成效。

杜威在反思性思维培养方面所作的具有开创性的贡献，使他成为教育界公认的"反思鼻祖"，他把后来学者们的研究引入两个更具体的领域：反思型教学侧重的是培养反思性思维的教学论和教学模型研究；反思型教育则比较宽泛，旨在探讨以培养反思性思维为目的的整个教育设计，反思型教学是其中的一部分。

萧恩深受杜威的影响，于1983年发表《反思性实践者》一书，对"反思性实践"和"反思性行动"进行了详细的分析与论述。1987年，他又发表《指导反思性教师》一书。在萧恩看来，反思性教学非常注重"在行动中"进行主动尝试，对问题加以思考、设计与策划，同时形成暂时性的行动策略。他还认为，反思性教学在行动中展开"理论与实践"的互动非常重要，其所形成的理论是"实践中的理论"或"行动中的理论"，并不在书本中寻找现成的答案，然后在实践中进行运用。

根据上面的论述，反思性教学在杜威提倡反思性思维的基础上，又经过萧恩的努力而渐渐地受到人们的关注。20世纪80年代中期以后，整个人类文化开始了大规模地反思自己的历程，由此产生了"反思性文化潮流"。在"反思性文化潮流"的推动下，反思性教学这一教育策略开始成为教育研究领域关注的一个热点问题，并被广泛地用来作为教师教育、课程开发、课堂教学改革的重要方式之一。

二、教师教学反思的主要特点和内容

（一）教师教学反思的主要特点

教师的教学反思在目标上直接着眼于教学行为的改变，而不是为了获得某种知识。从根本上说，教学反思关注的是在实践中运用知识，形成教学反思能力，改善教学行为。

教师教学反思的内容，要实现陈述性知识与程序性知识、现有知识和新知识之间理论与实践的结合。同时，它不仅仅关注所倡导的理论，更重视理论的实施及行为的结果。

教师教学反思形成方式多为实践性的，需要在实践中不断练习以形成较强的反思能力。对于教师来说，要重视对教学技能的反思和教学策略的反思，从而不断促进教学质量的提高。

（二）教师教学反思的主要内容

第一，对教学观念的反思。教师要提高教学水平，使教学更富针对性，需要进行系统的理论学习，反思教学观念，促进教育观念的深层次更新与转变，以利于更好地教学。

第二，对教学设计的反思。在这一反思中，教师要检查自己的思路，及时调整自身存在的不适当观念和行为。教学设计要因人、因材施教，尊重学生，建立民主、和谐的师生关系，营造良好的学习环境等。

第三，对教学过程、自身教学行为的反思。教师进行的各项反思内容，最终都需要通过具体的教学过程来实现。因此，教师要重视对教学过程、行为的反思，找出其中的优缺点，以使教学获得更理性的改善，使整个教学过程有序地进行。

第四，对教学反馈的反思。这要求教师采取不同途径对教学活动中学生学习各方面的情况进行信息收集和反馈，在此基础上开展分析研究。

三、教师开展反思性教学的步骤

反思性教学模式一般可以按照以下步骤开展。

（一）教学前反思

教学前反思是反思性教学的基础。高校外语教师应具有教学模式、教学方法等方面的知识；应改变教学理念，致力于提高教学效果；还应制订合理的教学计划，考虑好一切有可能的情况。

（二）教学中反思

教学中反思就是反思教学的具体实施。教师既要展开具体的教学活动，同时要对自己的教学进行监控与调查，获取反思与提高教学效果所必备的资料与相关信息。教学中反思的方式有多种，如问卷调查、行动研究、教学日记、案例分析等。

（三）教学后反思

在该环节，教师应结合教学中所有条件的变化对自己的教学行为加以调整，通过监控教学效果以及个人反思，可以使教学过程更加清晰。因此，在教学后反思阶段，要确保目标明确，从而使教师的教学技能得到真正提高。

（四）建构教学行为反思的连续体

高校外语教师与高校外语教学的发展都是持续进行的。反思性教学需要持续进行，并不仅仅是一两次的课堂行为。从教学前的准备到最后的补偿与提高阶段，这几个阶段密切相关、相互促进，共同构成反思性教学系统。

四、高校外语教师的反思模式

下面主要围绕高校外语教师的反思模式展开,涉及埃拜(J. W. Eby)、布普巴切尔(Brubacher)、爱德华兹与布朗托(A. Zdwards & D. Brunton)、考尔德希德(Caldersid)、拉博斯凯(V. K. Laboskdy)等人总结的几种模式,以便更好地从整体上掌握反思的运用。

(一)埃拜模式

埃拜重温了杜威的反思理论与柯尔伯格等人的道德理论,并在充分理解和丰富联想的基础上构建了自己的反思性教学模型。埃拜模型的教师不断地监控、评价和修正他们的实践,其反思性教学模型如下(见图5-1)。

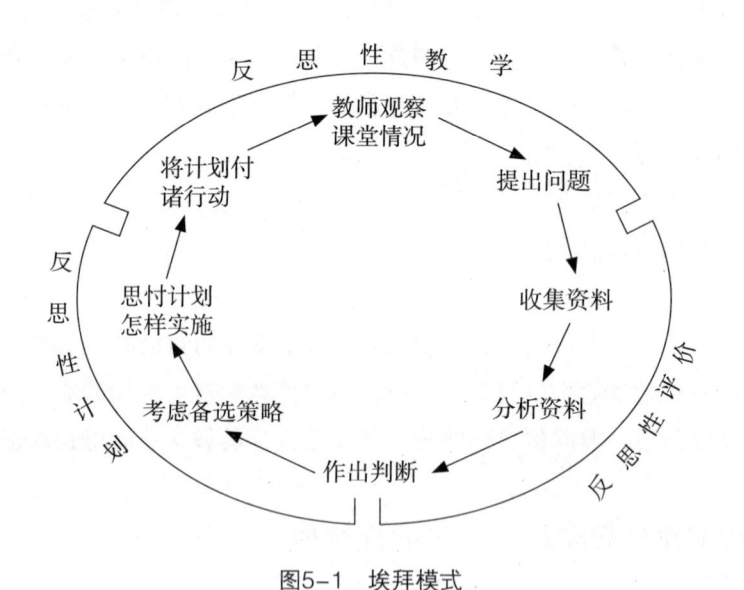

图5-1 埃拜模式

(资料来源:熊川武,2002)

埃拜模型说明,反思性教学有广义和狭义之分。狭义的是指课堂教学行为;广义的不仅是指课堂行为,而且还包括课前的计划与课后的评价，因此由反思性计划、反思性教学、反思性评价三部分构成一个连续统一体。

（1）反思性计划。在这个统一体中，计划是相对起点，教师制订计划，通常是以道德原则等为基础做出判断，如"我要孩子成功""考虑孩子的情感"等。接着考虑备选策略，即设计将前述判断变成现实的各种变通性方法与手段。最后确定适合学生或课堂具体情况的策略以及完整的实施方案。

（2）反思性教学。课堂教学是将反思性教学付诸行动。在此过程中，教师不仅要运用传授知识与发展能力等具体技能，而且还要察言观色，审时度势，及时发现新情况。若发现了新情况，要针对性地提出问题，如"我能做什么""我怎样改进"等，并采取有力的变通措施。

（3）反思性评价。课堂教学结束，进行评价环节。反思性评价要收集关于教学的客观资料和主观信息，通常采取查阅作业或听取学生意见等办法。在对收集到的资料和信息进行分析处理的基础上，做出事实和价值判断，到达相对终点。于是，一个反思性教学周期结束，然后再进入新的反思性教学阶段。

埃拜模型认为反思性教学模式本质上有如下四个主要特征。

（1）教师在专业实践过程中更加注重采用相关的教学手段、利用辅助教学工具和采取有效的策略，来调动学生的学习积极性和主动性，主动关注自己专业实践活动的目的，以及学生在专业实践活动过程中的收获，把专业实践活动的过程和结果统筹考虑，综合运用各种教学手段和工具，以期达到最佳的教学效果。

（2）教师在专业实践活动中更加注重各种与专业实践活动过程相关技能和技巧的使用，思想更具有开放性，教师具有更强烈的责任感和执着的敬业精神，更能够在专业实践过程中将这些因素结合起来，使专业实践活动更加成功，教师和学生也更有成就感。

（3）教师意识到专业实践活动是一个循环的、不断螺旋上升的过程，因此教师在专业实践过程中一方面注重新的知识和理念的传授，也重视对旧知识不断地进行回顾和复习，从中不断反思、监控、评价并修正自己的专业实践活动。

（4）教师的专业实践反思建立在教师自我判断的基础之上，教师的专业实践反思既有对专业实践活动过程中设计的各个方面内容的反思，也包括教师专业实践活动中产生的顿悟和对于相关理论内容的加深和发展。

（二）布普巴切尔模式

布普巴切尔模式从时间的维度上将反思性专业实践环节分为前反思、中反思和后反思三大环节。反思过程中的前反思又叫作"实践反思"，在这一阶段，教师根据上一专业实践周期获得的教学经验以及发现的问题，调整本周期所要实施的专业实践活动计划和目的，研究本周期专业实践计划和策略，并做出必要的修正和调整。反思性专业实践过程中的中反思，又叫作"在实践过程中反思"，即在正在进行的专业实践周期内，关注专业实践过程的每个环节和步骤以及实践过程中学生的反应，注意所采用的策略方法以及所使用的媒体工具的有效性和程序的恰当性，以便能够及时发现专业实践过程中存在的问题，积极寻求解决所遇到的问题的方法和策略，实时根据出现的新情况对专业实践方案及计划做出调整。反思中的后反思又叫作"对实践的反思"，该阶段侧重对专业实践的结果进行归因总结，教师借助对专业实践的研究以及专业实践过程中积累的数据，进一步地分析专业实践的过程和结果，对于专业实践过程中的亮点和取得的成绩给予积极的肯定，同时找出专业实践过程中存在的差距，及时根据出现的问题和情况调整完善所要采取的策略。而后反思的结果成为下次前反思的前提之一，中反思是关键环节，前反思是基础。布普巴切尔模式（图5-2）的特点，前、中、后三个环节环环相扣，周而复始，形成一个不断螺旋式上升的专业发展模型。①

---

① 陈萍. 浅谈反思性教学对高职高专英语语法教学的影响[J]. 陕西教育，2008（11）：69.

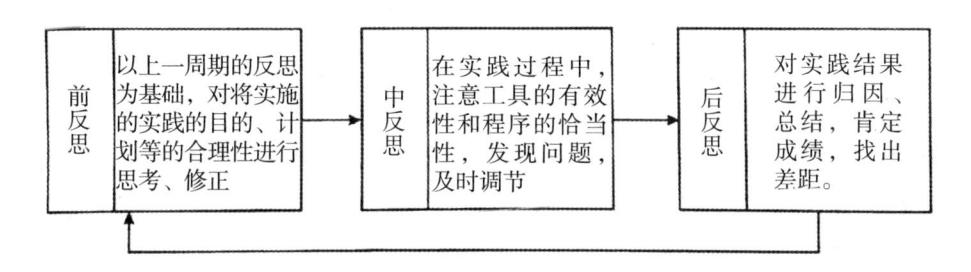

第五章 高校外语教师专业能力提升与修炼途径之三：开展教学反思

| 前反思 | 以上一周期的反思为基础，对将实施的实践的目的、计划等的合理性进行思考、修正 | → | 中反思 | 在实践过程中，注意工具的有效性和程序的恰当性，发现问题，及时调节 | → | 后反思 | 对实践结果进行归因、总结，肯定成绩，找出差距。 |

图5-2 布普巴切尔模式

（资料来源：Calderhead & Gates，1993）

相对前述的埃拜模式，布普巴切尔模式中心更为突出，该模式认为中反思是整个专业实践反思教学过程中的关键环节。该模式注重在专业实践过程中工具的使用和实践程序的选择，把有效性的原则看作选择工具的前提，保证所选择的工具有利于专业实践活动的顺利进行并且取得良好的效果，而专业实践必须遵循一定的程序，对程序的操作、控制要适当，所采用的程序必须有恰当性，保证整个专业实践过程环环相扣，顺利有序地完成专业实践活动，同时强调教师在专业实践的过程中发现问题能力的重要性，教师要做到在专业实践过程中及时发现问题，并对教学策略和教学内容进行及时的调节。新手与专家的专业实践反思能力的差异主要在中反思环节体现出来。因为中反思是教师在专业实践过程中进行的反思，专家在专业实践过程中对工具的选择和使用，以及对程序的操作上能够做到得心应手、运用自如，而新手教师则对专业实践过程中所需要的工具以及程序不够熟练，甚至有时还有捉襟见肘的感觉。同时，有经验的教师在专业实践过程中能够预见可能发生的问题，或者及时地发现问题，从而通过调整专业实践活动的环节、工具以及程序防止问题的发生，即使发生了问题，也会在可控范围内及时将问题解决在萌芽状态，使得整个专业实践过程始终在自己的掌控之中，对专业实践活动的操控做到游刃有余。所以，对于新手教师来说，这些方面的能力培养是取得教师专业成长和发展的关键。

（三）"爱德华兹-布朗托模型"反思模式

爱德华兹-布朗托模型以反思性教学过程是学会教学的过程这一命题为基点。因此，学习理论和行动研究理论成为这一反思性教学模型的理论内在核心。爱德华兹与布朗托一方面对各派学习理论兼收并蓄，另一方面突出重心。以诺曼（D. A. Norman）和维果斯基（L. S. Vygotsky）等人的理论为基本支柱。由于教师的学会教学是与解决教学中的实际问题联系在一起的，因此爱德华兹等人以行动研究螺旋型和维果斯基的学习模型为基础，构成自己的反思型教学模型（见图5-3）。

这个模型说明，在A这个象限，反思性教学的主要任务是"确定目的：反思各种可能性"；B象限的主要任务是"改造：在实践中反思"；C象限的主要任务是"内化：对实践反思"；D象限的主要任务是"显示规范：对实践和各种可能性反思"。A与D象限代表学习周期的公众层次（public level），即维果斯基所谓的"心际层面"（intermental plane，又叫"交心层面"）。B与C象限是私人层面，即维果斯基的"内心层面"（intramental plane）。这意味着学习要在两个相互联系的层面上进行：首先在心际的或者社会的层面，然后在内心或个人的层面，最后个人层面又转化为社会层面。这样集体问题落实到个人身上，通过个人解决。

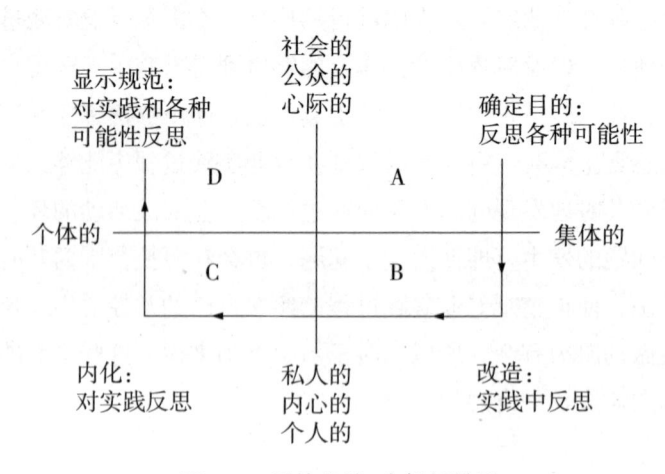

图5-3 爱德华兹-布朗托模型

（资料来源：胡惠闵，2014）

随着A象限工作的深入，教师与介入者（mediator，这里指参与行动研究的理论工作者、专家等）会在社会和集体层面上讨论教学的目的和任务。接着改造并建立个人知识结构的企图出现在B象限中，同时C象限出现教学行为内化与新的理解的运动。在D象限，教师与介入者返回到评论和精心调节后续行动的公众领域。从实质上看，行动研究的螺旋自始至终存在于这个模型之中。

（四）考尔德希德模式和拉博斯凯模式

考尔德希德模式和拉博斯凯模式非常相似，二者均以杜威的理论为基础，并将一些专业实践结果作为构建自己模式的依据，两种模式都认为反思性教学由反思的动力、反思行动和反思的结果三个部分构成，三个部分分别对应反思动机形成阶段、进行反思阶段和解决问题阶段。教师在内在和外在的动力作用下对自己的专业实践进行反思，反思行动总是处于特定社会环境和社会需求中，并与具体的专业实践内容相联系。反思的内容可以分为对专业实践的反思与对相关理论的反思，但大多数情况下二者是融为一体的，很难分清是对某个理论的反思还是对于实践的反思，因为理论是用来指导实践而实践又反过来证实理论。在教师初步确定了专业实践反思的情境与内容后，专业实践反思的过程开始。教师在专业实践过程中首先要确定问题，即发现并明确专业实践活动过程中可能出现或者已经出现的问题，接着从要解决的问题出发思考可采用的方法和策略，即拉博斯凯模式中的手段—目的分析，教师在反思过程中总结归纳出解决问题的规律性方法。在专业实践反思过程中，教师应具有杜威倡导的思想和态度的开放性、责任性和执着性，才能保证专业实践反思的持续进行，从而使教师取得专业上的发展。

从考尔德希德模式（图5-4）和拉博斯凯模式（图5-5）可以看出，二者有非常紧密的联系，或者可以说后者是前者的细化和进一步的发展。两种模式都表明：教师在反思的内在和外在动力推动下，开始采取反思行动。教师反思行动的过程包括反思的情景、过程、态度和内容四个方面，教师在反思行动过程中形成新的理解力，而新的理解力更有助于解决教师在专业实践过程中遇到的各种问题。教师的反思行动总是处于特定的情境中并指向特定的内容，这些特定的情景包括在专业实践过程中某个特定的阶段或者某个时间段发生的事情或者存在的问题，而内容则既包括实践层面的内容也包括理论层面的内容。

教师在反思专业实践问题的过程中，首先界定问题，明确问题所在，各种相应的理论观点被激活起来，然后用于分析专业实践中发现的问题，最终运用已有的理论知识和实践经验，以开放的、负责任的、执着的态度去解决问题，并进一步概括总结解决问题过程中的经验教训，在这一过程中教师形成新的理解力。新的理解力主要包括四个方面的含义。

（1）改进了采取实践反思行动的能力。
（2）变化了课程、教材或专业实践等领域的信念。
（3）澄清了专业实践过程中什么更重要的态度和价值观。
（4）改善了教师在专业实践中的情绪和品质。

新的理解力是教师在专业上取得发展和不断成长的标志，是解决专业实践活动中遇到的或可能遇到的问题的基础，而且随着教师在专业实践反思的不断进行和深入，教师在专业实践过程中形成的新的理解力总是处于不断地修正和更新状态，教师的新的理解力不断地提高，这为解决现实专业实践过程存在的或者未来可能存在的问题打下了坚实基础。因此，提高新的理解力以解决专业实践中遇到的各种问题成为反思性教学的最终目的。[①]

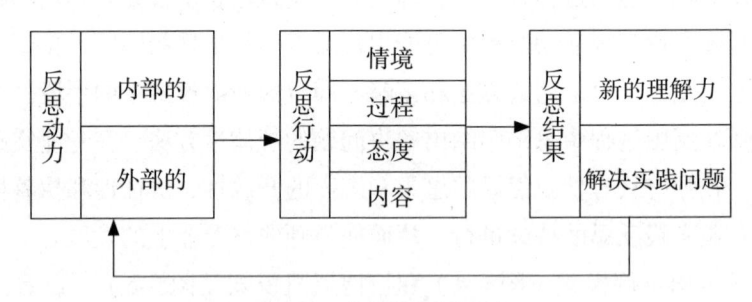

图5-4 考尔德希德模式

（资料来源：Calderhead & Gates，1993）

[①] 熊川武. 谈反思性教学的理论与实践[J]. 上海教育科研，2002（6）：5-9.

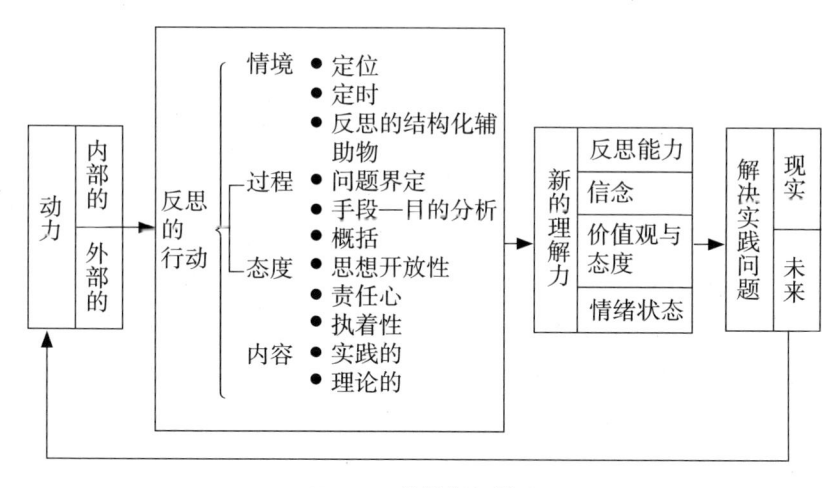

图5-5　拉博斯凯模式

（资料来源：Calderhead & Gates，1993）

第二节　教学反思与高校外语教师专业能力提升

教师进行教学反思，是以教学活动为对象，对教学中的教学方法、策略、手段、效果等进行全面审视、全面回顾和重新认识的过程。通过教学反思，教师能够产生新的更合理的教学方案与实践活动。

教学反思的本质在于实现理想与实践之间的对话，它是理想自我与现实自我进行沟通的桥梁。这里的"反思"是一种内省活动或者独处放松时自己的冥想，是需要教师认真努力进行的有目的、有系统的深刻批判与反省，与一般的反思有一定的区别。教师伴随着整个教学活动的始终，对整个教学活动进行监视，对自身的教学经验进行分析和总结。教师对在校学生的影响主要为学术影响，教师在教学中表现出来的认真、严谨、实事求是的学术态度，能够在潜移默化中影响学生。因此，教师有必要加深自己的学术知识，提高自身的人格修养。学术知识更多地表现为理论的总结和专业知识修养，但外语教学要求外语教师具有将自己所知教给学生的教学能力。教师只有在经验中学习，培植反思意识，适时更新教学观念，发现、解决问题，打破陈规，才能逐渐使自己成长为一名优秀的外语老师。

另外，教师专业成长是一个持续不断的过程，因此教师要不断地观察、反思、自我审视，以促进自身的不断发展。实践表明，每一位教师的教学都会不可避免地存在与教育教学目标错位的现象，教师通过认真思考教育问题，能够更好地完成教学目标。

随着高校外语教育的发展和教育改革的不断深入，教师经常会面对一些新的教育思想、手段与方法等"新事物"。这要求教师不断更新自己的知识结构，调整情感和意志，掌握反思、研究教学的能力，形成对教学工作有帮助的理论、新观念和思想等，给自己一次认识教学经历的机会，不断提高自身的教学水平。

一、提升外语教师的教学技能

外语教学本身是一个较为复杂的过程。外语教师不仅要感知教学情境，还要反思自身的内部认知过程，只有这样才能完成教师的教学计划、实践自己的教学活动、评述和分析自己的教学行为，并通过思考和探究周围看似平常的教学现象，对自己的教育实践进行反省，形成更符合自己教学特色的教学法体系。

经过多次的教学实践后，外语教师应认真思考是否有明确的教学目标；是否能够从学生的学习兴趣出发，结合学生的心理特征，对自己的教学计划进行调整；是否习惯于展开教学反思，并通过写教学日志等总结自己的教学行为；是否对与工作相关的学术动向予以关注，并关注前沿性的教学行为，与时代发展接轨；是否能够对自己教学中存在的问题进行反思，并能够客观地调控和分析，找到改进教学的方法和策略，提高教学技能。

二、拓展了有关教师专业化知识的境界

反思性教学使教师不断获得教育研究者所提供的普遍适用的、客观的科学知识，并成为教学知识的生产者。反思性教学使教师的发展与问题研究结合起来，使教学与研究融合为一体，在教学中不断发展自己的理论，成为理论的创造者。教师的专业化持续性发展在很大程度上取决于教师的反思。随着高校外语教学改革的推进，反思性教学成为外语教师实现创新的有效途径之一，为教师的专业化发展提供了新的活力。

三、提升外语教师的科研水平

反思性教学使外语教师不再满足于知识传递者的角色，而是将自己视为一个富有见解、具有决断能力的人。外语教师积极关注教学的发展动态，不断搜集与教学相关的信息，并展开进一步的研究。如果将教师的职业视为一种生命体的话，那么教学和研究就是这一生命体的两条腿，二者缺一不可。

反思性教学使教师的思维模式打破了原有的思维定式，不断对自己原有的教学计划、教学行为等进行分析和评价，挖掘传统教学中的问题并加以改进，追求教学过程的合理性。习惯性思维是一种"内隐理论"，而反思性教学使教师能够对主导自己行为的行动理论、生活理论等这些"内隐理论"进行深层次反思，进而改进自己的教学实践。

反思性教学使教师更加关注自己在教学实践中的反思，旨在通过改变理论对实践的控制，实现理论与实践二者的结合。在反思性教学中，外语教师可以通过解释自己的教学经验来增进对现实的理解，提升自己的教学水平和能力。外语教师能够以开放的视角看待周围事物，接纳周围的新事物，并根据自己的理解来制订新的教学决策，积极地反思自己教学活动中究竟是否给学生带来了重大影响，从而使教学向着有利的方向发展。教学是一个动态发

展的过程，一名优秀的外语教师应该善于反思与突破，也正是在这样的反思和突破中，形成自己的教学风格和思想，同时丰富自己的科研领域。

外语教师应该是教育活动的反思者。反思活动告诉人们，必须确立外语教师在教学研究中的地位，鼓励他们在实践中总结经验，不能盲目地顺从他人的思想，而应积极创新。通过一系列反思活动，发现课堂中的问题并及时解决，提高教学和科研水平。

四、给教师提供了终身学习的动力

反思性教学是基于岗位、学校、具体情境而侧重于问题解决的一种实践性教学新模式。反思性教学要求教师在教育过程中形成自己的教学理论与专业认知，通过进行反思，教师对问题展开分析和研究，探究新的教学理论与方法，同时将这些新的理论与方法运用于教学实践中。

反思性教学是一个为保证教学实践的合理性而不断探索的活动，这就要求教师必须不断地反思与实践，找到适合社会与自己教学的方式和手段，不断地进行教学探究，提升自己的教学热情。

第三节 反思视角下高校外语教师专业能力提升的路径

高校外语教师反思性专业发展路径有很多，如教学报告、专业实践档案、微格教学、学生反馈、调查与问卷、个案分析、专家听课、学生研讨会等。下面就对这些路径进行详细介绍。

一、教学报告

教学报告的主要内容是教师对自己课堂教学中的主要特点进行的描述,从而监控自己的课程教学实施过程、教学时间分配以及教学效果。

教师可以提前对报告的格式、内容进行设计,在课堂教学结束之后,可以直接填写表格。表5-1是一个教学报告示例。

表5-1 教学报告示例

Lesson report form for a grammar lesson

1. The main focus in today:

   a. Mechanics (e.g., punctuation and capitalization)

   b. Rules of grammar (e.g., subject-verb agreement; pronoun use)

   c. Communicative use of grammar (e.g., correct use of past tense forms in a narrative)

   d. Others

2. The amount of class time spent on grammar work was:

   a. The whole class period

   b. Almost all of the class period

   c. Less than that (_____ minutes)

3. I decided what grammar items to teach:

   a. According to what was in the textbook

   b. According to what was in the course syllabus

   c. Based on students' performance on a test

   d. Based on students' errors in oral and written work

   e. Others

4. I taught grammar by:

   a. Explaining grammar rules

   b. Using visual aids

   c. Presenting student errors

   d. Giving students practice exercise from a textbook

   e. Giving students practice exercise that I designed

续表

> 5. When assessing student work on grammar, I had students:
>   a. Study rules of grammar
>   b. Practice exercises orally in class
>   c. Practice exercises orally in the language lab
>   d. Do exercises for homework
>   e. Do exercises based on errors noted in their writing
>   f. Go over each other's homework or class work
>   g. Keep a personal record of the errors they make
>   h. Do sentence-combining exercises
>   i. Create sentences or paragraphs using specific grammar rules or sentence patterns
>   j. Indentify and correct grammar errors
>   k. Indentify and correct grammar errors in their own writing
>   l. Indentify and correct grammar errors in other student's writing
>   m. Others

（资料来源：Richard & Lockhart，2009）

此外，教师可以选择相对简单的教学报告法，在一节课结束之后，教师可以针对如下几个问题来进行回答。

（1）这节课的教学目标是什么？

（2）在课堂上学生真正学到了什么？

（3）我的教学过程是什么？

（4）对教学过程中遇到的问题是如何处理的？

（5）课堂上哪部分最成功？

（6）如果这节课重新教一遍，我会采取怎样的做法？

教师将上述问题的答案记录下来，可以作为以后分析教学以及进行反思的素材。实际上，教师对问题进行回答的过程就是一个自我反思的过程。

二、教师专业实践档案

专业实践档案是记录教师个人教学科研等专业实践成功以及发展历程的具有结构性和持续性的文献资料,建立档案的过程就是教师对已有经验问题进行归纳整理的过程,是对自己专业成长的积累过程,也是自我评价的过程。

建立专业实践档案的目的是促成教师的反思,引起教师对专业实践过程中细节合理性的重新思考,并重构自己的行事逻辑和思维方式。

(一)教师专业实践档案的优点

很多学者都肯定了建立教师专业实践档案对教师专业实践反思的重要意义。

例如,Robert Yagleski(1997)认为,建立专业实践档案的过程能够鼓励教师持续地对自己的专业进行反思,而不是简单地记录教师的专业实践活动。

此外,由于档案里也包含了大量的学生在参与教师专业实践活动中的表现,因此为教师专业实践活动素材的积累和反思提供了全面详实的资料库。

James Green & Sheryl Smyser(1996)也认为教师专业实践档案是一个持续进行的过程,它给教师提供了一个自我评估和发展的环境,鼓励教师不断积累并强化自己的优势,并找出需要改进的地方,通过反思取得专业进步。此外,教师专业实践档案鼓励教师进行专业对话,共同取得进步。

教师专业实践档案的编撰对于教师专业实践反思的意义如下。

(1)教师能够重新观察和审视自己的专业实践过程。

(2)教师能发现自己专业实践过程中的不足。

(3)教师可以找到自己专业实践的理论和策略支撑。

(4)教师能对自己的专业实践活动承担责任。

(5)教师可以依据专业实践档案,制定未来的专业实践方向和目标。

（6）教师能通过审视专业实践档案，肯定自己在专业实践活动过程中的冒险精神和探索精神，同时发现自己在专业方面取得的发展和发生的改变。

（二）教师专业实践档案应包含的资料

教师专业实践档案主要涉及以下内容。

（1）专业实践活动过程的细节，包括通用课程描述、周教学大纲、阅读书目、课后作业、专业实践过程评估文献。

（2）教师的教育哲学和教学理念，即教师认为教和学应该是什么样的，怎样才能获得最佳教学成果，哪些因素会促进或者阻碍专业实践活动的进行等。

（3）反思日记，包括那些成功的或者达到预期效果的专业实践活动内容，也包括那些发生了意想不到的插曲的专业实践活动内容。

（4）同行观摩笔记，不论作为观察者还是被观察者，教师都应该在观察前、观察中或者观察后做相关的记录。

（5）录制自己专业实践活动的录像，最好包含自己观看自己录像后撰写的反思日记或者笔记；如果有同行观摩，把相关的反馈也留存下来。

（6）学习者参与专业实践活动的样本，包括学生的作业或者测验以及教师在上面的标注和批阅内容。

（7）学习者的反馈，也就是在专业实践活动中期或者最后设计的对学生所学内容进行的评估，了解学生对专业实践活动的感受与要求，以及设计调查问卷或者与学习者进行的日常交流等。

（8）专业实践活动展示，即教师在各种研讨会或会议（包括国际会议或一些内部会议）上做的各种与专业相关的展示。

（9）参加的会议，即所有的参会记录，教师作为会议的参与者在参会过程中的收获、总结反思。

（10）专业实践过程中使用的资料，包括教师在专业实践活动过程中发给学生的印刷资料、工作表、专业实践测试、专业实践活动概要等。

（11）教师在专业实践过程中所撰写的任何和专业相关的内容，包括教师在专业实践过程中发表的期刊论文及培训手册，甚至包含教师在博客等各种媒介上撰写的与专业实践活动相关的文字。

（12）委员会工作，记录自己参加的与专业相关的委员会以及该委员会的目的、自己在该委员会中所起的作用、自己所承担的责任。

（13）其他与专业实践活动相关的内容。

三、微格教学

微格教学是指教师运用摄像机，将自己选择作为反思对象的某个教学方面记录下来，之后以旁观者的视角来分析，发现教学中的问题，寻求这些问题的解决方案。

微格教学使教师能够对自己教学中的行为有一个清晰的了解，同时还能够与他人进行探讨。当然，教师可以根据自身反思的问题，录下其他教师的教学片段，通过观察其他教师的做法，找到解决问题的灵感，反思自己的教学。

四、学生反馈

学生反馈是从学生身上获取信息，将这些信息作为调控教学的依据，不仅可以了解学生的学习状况，还能够了解自身的教学优缺点。在外语教学中，教师获取学生反馈信息的有效途径是学生评教、师生座谈、测试成绩、调查问卷等。通过学生的反馈信息，教师反思自己的角色与教学方法。

另外，通过反馈信息，教师可以分析相关数据，获取更明确的、更多的信息。可见，在外语教学中，学生反馈是外语教师专业发展的一个有效途径，可以大大促进教师的自我提高，对自己的课堂进行优化，也能使得师生之间关系更加融洽，推动学生的自主学习以及教师的专业化发展。

五、其他反思路径

除了上面提到的反思路径之外,高校外语教师还可以采取下面一些反思路径。

(一)调查与问卷

教师可以采取调查与问卷的形式来反思教学。教师的调查与问卷可以就教师自己或同事对教学的认识与看法,以及学生的学习兴趣、学习态度、学习方法等情况来展开。教师可以参考其他相关书籍中的调查问题或问卷,也可以自己设计一些调查题或问卷。

(二)个案分析

个案分析也是反思性外语教师专业发展的有效途径。教师可以通过讲课竞赛、教学竞赛、优秀教师示范、听公开课等手段展开个案分析,汲取其他教师教学中的精华,补充自己教学中的缺点,充实自己的教学,从而促进自身教学的长足发展。

(三)专家听课

要促进外语教师的专业化发展,学校可以聘请有丰富经验的教师进行督导,或者让业务过硬的专家听课,并让他们进行指导,对教师的教学给予客观的评价,帮助教师提高反思能力。

(四)学术研讨会

学术研讨会是学校利用反思的方法促进、提升教师专业化发展的一种方式。不同学校的外语教师在研讨会上提出自己的问题、发表自己的看法,然后共同讨论，最终找到解决办法；或者也可以将某些教师的经验分享给大家，让更多教师获益。

总之，教师在外语教学中的反思是一个多层面、多维度的过程。在具体的实践中，教师可以根据自身的实际情况，采用其中一种或综合使用几种反思路径来指导自己的教学活动。

第六章
高校外语教师专业能力提升与修炼途径之四：依托信息化平台

信息时代的到来使网络的使用范围逐渐扩大，将高校外语教学与网络有机结合在一起是时代发展的必然要求。在这样的情况下，高校外语教师要想有效地促进自身专业能力的提升，就必须对信息化平台给予充分重视。本章就围绕高校外语教师专业能力提升与修炼之信息化模式展开讨论。

第一节 高校外语教师的信息化素质

一、外语教师信息素质的特点

关于外语教师的信息素质，可以将其理解为外语教师在外语教学过程中所用到的一种特殊能力，这种特殊能力涉及在外语教学活动中信息技术的运用，以及相关教学任务的完成等方面，其中又进一步蕴含着若干子能力。

外语教师的信息素质是在其信息化实践知识的基础上建立起来的，其要进行进一步的发展，对信息化情境有一定要求。关于外语教师信息素质的特点，可以大致归纳为以下几点。

（一）复合性

外语教师的信息素质所涉及的具体能力是各个方面的。比如，从基本的教学方面来说，不管是知识、技能的传授能力还是实践能力，不管是针对外语教师发展的能力还是促进学生信息化学习的能力，不管是什么级别的信息能力，都属于外语教师的信息素质范畴，这就将其复合性特点体现了出来。

尽管传统意义上的外语教师也具有复合性能力，但是信息素质与之是存在着差异性的，这与信息技术要素的动态介入有着直接的关系。在信息化的学习环境中，对外语教师驾驭教学的能力有着更高的要求，期待外语教师的教学能力能够尽可能全面。具体来说，要求外语教师要有信息化教学知识内容的传授能力，更要具备促进不同学习风格和不同学习策略的学生实现信息化学习的能力。由此可见，外语教师的信息素质具有综合化、多层次化的特点。

（二）关联性

外语教师应该具备的信息素质，并不是指某一种能力，而是众多子能力的综合，并且这些子能力之间是相互联系、相互影响、相互作用、彼此关联的。

第一，外语教师的信息素质是在基本教学能力基础上实现的。基本的教学能力主要涉及驾驭学科教学内容的能力、一般教学法的相关能力、基本的教学技术能力等。

第二，对于外语教师来说，其信息素质主要涉及外语学科内容能力、信息化外语教学法相关能力等，这在一定程度上将外语教师教学能力形成与发展的融合性特点体现了出来。

第三，外语教师信息素质的发展是呈递进式的。另外，在不同的发展阶段，外语教师的信息素质有着不同的侧重点。要想使外语教师的信息化教学子能力得到良性发展，在动态的发展中寻求新的平衡与协调是重要途径之一。

（三）发展性

信息化带来时空结构变换，对外语教学的整体发展起到促进作用，也促进了外语教师综合素养的发展和提升。

第一，外语教师不仅要具有信息素质，还要不断发展，这样才能更好地适应不同的、复杂的信息化教学情境与信息化教学实践，也才能较好满足不同的学习对象的不同学习发展与能力要求。

第二，在当今这个信息化社会中，信息技术更替周期逐步缩短，信息化学科教学与相关的教学方法也处于不断发展变化的状态，这样才能使相关教师教学能力变化发展的需求得到满足，才能与新技术、新工具、新方法带来的变革相适应。

第三，外语教师的专业发展呈现出动态性、终身性的显著特点，这也一定程度上将信息化社会的特点反映了出来。外语教师要想得到专业化的成长，要求其根据不同的职业发展阶段来不断发展和优化自身的教学能力结构。外语教师信息素质的发展具有一定的导向作用，这主要体现在外语教师信息化教学智慧的创造方面。

（四）情境性

在信息化社会中，外语教师信息素质的形成与发展是在一定的信息化教学情境中才能发生的，这就赋予了其显著的情境性特点。对于同一教学对象、同一教学内容，在不同的信息化教学情境实践中开展的学习活动，对外语教师的信息素质有着较高要求，为了使二者有良好的适应性，需要外语教师具有多样化的信息素质。外语教师的信息素质是依赖于信息化教学情境中主体实践来体验的，因此，外语教师信息素质的发展在信息化教学情境体验方面是有一定要求的，否则，发展就无法实现。

二、外语教师信息素质的层次

外语教师信息素质包含三个层次。

（一）第一层次：知识基础

第一层次的知识可以大致分为以下几个方面的内容。
（1）学科知识
所谓学科知识，主要是指外语专业的知识、概念、理论、方法以及相关联的学科理论内容等，对于外语教师来说，则是其从事外语教学的专业知识准备。
（2）一般教学法知识
一般教学法知识，所指的通常就是外语教学的一般性原理、策略和方法等。这方面知识的主要功能在于：完成教学的准备、教学的实施、教学的管理、教学的评价以及对教学目标和教学过程的认识等，从而进一步对教师教学和学生学习起到促进作用。

（3）学科教学法知识

学科教学法知识，实际上是两方面知识的综合，即主要是学科知识和一般教学法。

（4）教学技术知识

教学技术知识，大致主要是指教学媒体和教学手段的应用知识。这方面的知识包含对各种传统教学技术和先进科学技术的重视和应用。

（二）第二层次：知识主体

第二层次的知识所包含的内容主要有以下两个方面。

（1）信息化学科知识

教学技术与学科知识相互融合后的知识，就是所谓信息化学科知识。教学技术的功能在于使学科知识以信息化的方式更方便、更灵活地表达、呈现与扩展。

（2）信息化教学法知识

教学技术与一般教学法融合后产生的新知识，就是所谓信息化教学法知识。在教学活动中应用一定的教学技术之后，就会一定程度上使外语教学中的要素发生相应变化。比如，对原有的教学法有所巩固拓展，促进一些新的教学方法产生等。

（三）第三层次：最高知识

第三层次的知识所包含的内容主要有以下两个方面。

（1）信息化学科教学法

教学技术与学科知识、教学法融合后产生的一类知识，就是所谓信息化学科教学法知识。这类知识是特殊的，主要表现为其是外语教师信息素质的最高知识要求，也是外语教师信息素质发展中教师获得知识的最高境界与追求。

（2）教师信息素质的知识核心

一般来说，处于外语教师信息素质的知识核心地位的内容主要有四个方面，分别是信息化学科知识、信息化教学法知识、信息化学科教学法知识、教学技术知识。

第二节　信息化与高校外语教师专业能力提升

当前，信息技术能力已成为智慧教育时代的基本生存技能，教师的信息化教学能力已成为衡量其专业素养和核心职业能力的重要标志。"外语教学"，尤其是"公共外语教学"，是我国高等教育的重要组成部分，是大多数非外语专业学生在本科、硕士及博士教育阶段一、二年级必修的公共基础课程，在人才培养方面具有不可替代的作用。外语教师作为外语教育教学的专业人员，其信息技术理论知识和信息化教学能力的提高与发展，必须随着时代和社会的发展而不断进步与更新，要做到把现代教育技术手段融入教育教学过程中，把信息技术作为改进学生学习和培养学生信息素养的工具，培养真正具有自主学习能力、实践能力、创新能力和终身学习能力的人才。这不仅要求外语教师熟练掌握信息化教学手段，并驾驭信息化环境下的课堂教学，而且还应具备促使信息技术与课堂教学较好融合的创新能力。信息化教学能力，是指教师以现代化教育教学理论为指导，运用现代化信息技术手段进行授课的能力，其要求教师在教学理念、内容组织、模式运用、技术呈现、环境设计及评价实施等一系列教学相关环节进行创新设计，需要教师具备媒体技术、信息应用、教学实践、评价研究等方面的能力。通过总结得出，教师的信息化教学能力包括信息化教学意识、信息化教学设计能力、信息技术应用能力、信息化教学实施及信息化教学研发五个方面的能力。

一、影响教师信息素养的因素

（一）职前培养问题

1.课程设置问题

高校外语教师在高等教育阶段是否接受了有效的信息素养培训，对其在教师岗位上使用信息技术的能力有一定影响。21世纪初，我国外语教师五类专业课程中，缺失计算机辅助外语教学之类的课程。尽管某些高校做出了一些尝试，但此类课程仍未引起普遍的重视，信息技术与外语课程整合仍在外语专业课程设置中处于边缘地位。早年我国本科阶段开设的与信息技术相关课程以操作技能为重点，鲜有涉及技术与教学的整合。外语硕士教学计划和课程设置也很少注重未来教师教育者的信息素养培养问题。因此，从整体上看，目前高校外语教师队伍的信息素养普遍不容乐观。

2.外语学科教学环境问题

大多数教师教学风格与自己求学阶段的教师教学风格有关。如果专业外语教师不进行信息技术与外语教学整合，那么其走上岗位后就很可能沿袭当年求学阶段的教师教育者的教学风格，从而不能有效地去整合信息技术和外语教学。当前，很多外语教师对技术的使用还有所欠缺，很少能够有效地实现信息技术与外语课程的整合，更多用Word、PowerPoint、CD-ROMs、电视录像、录音等做课堂展示。因此，如果外语学习者未能体验到信息技术与外语教学整合的课堂，日后运用信息技术教学时就容易产生困惑。

将信息技术融入高校外语教师的职前培训中，是提升其技术能力最直接、最有成本效应的方法。近几年师范院校更加重视教师职前信息素养的培养，并在提升其技术能力和信息素养方面进行了有益的尝试，取得了不错的效果。

（二）在职培训问题

如今，高校外语教师大多已经充分认识到信息技术对于教学、科研、自身发展的重要性，有着强烈的信息素养培训需求，但在职培训的实际情况没有达到预期目的，主要表现为以下几点。

（1）培训目标、内容过于注重技术层面，忽视观念层面和理论层面的学习以及技术与教学整合方面的指导。

（2）在职培训机会不足。

（3）在培训管理上，缺乏培训前的调查和培训后的跟踪改进。

（4）培训形式单一。以短期集中培训为主，主要采取讲授与上机实习相结合的模式，大多是自上而下团队推进、整齐划一的模式，缺乏对教师实际情况的考虑。研究表明，短期集中培训的作用和效果十分有限，培训机构若能在受培训者回到工作岗位后持续提供支持与各种形式的指导，培训效果就会更好。

二、大数据视角下对高校外语教师专业能力提升的新要求

"大数据"是最近几年新兴的一个概念，进入人们的认知领域不久，很多教师并不知道什么是大数据，也不清楚大数据背景会对教育、教师产生怎样的影响。下面就对大数据视角下高校外语教师专业能力提升的新要求进行总结。

（一）大数据技术方面

进入大数据背景以后，教育不再是以往仅靠经验、理念运作的科学，而转变成一门实证学科。传统教育中，教育决策者、执行者仅靠个人喜好或经验来设计教育环境、布置实验场景、采集管理数据等，但在大数据背景

下，这些都必须有一定的数据支撑方能走得更远。如果教师连基本的计算机常用软件都不会用，就很难获得足够的教学资源，很难扩展视野，提高教学质量。

（二）教师教学职能方面

传统的高校教学中，教师是课堂的主宰者，教师讲什么，学生就学什么。但在大数据背景下，教师必须转变自己的角色和职能，这样才能顺应时代要求，实现自身教学质量的提升。在大数据背景下，高校外语教师职能方面的要求主要包括以下几个方面。

1.学习资源方面

大数据背景为人们提供了海量的信息，学生要想获取学习资源是一件十分容易的事情，因此教师不再拥有资源的权威性。在这种情况下，要想保证教学活动的顺利展开，教师必须从资源提供者转变为资源整合者，要根据学生的个性特点、实际需求，收集、分析、处理适合学生的学习资源，然后将这些资源提供给学生，指导学生学习。

2.教学方式方面

在不缺乏学习资源的情况下，学生对学习的兴趣和方法是决定学习效果最重要的因素。因此，大数据背景下的高校外语教师应该从传统的"填鸭式"教学转变为"启发式"教学，从学生学习的决定者转变为组织者、引导者、评价者、监督者，要激发学生的学习兴趣和动机，传授学生科学的学习方法和策略，加强学生合作学习、自主学习的意识和能力。要做到这一点，教师自己首先必须树立终身学习的意识，不断更新自身知识。

（三）教师角色定位方面

大数据背景下高校外语教师被赋予了新的角色定位。面对新的教学环境，教师如何改变自己的传统角色并适应新的社会变化，在新的教学理念下提高自己的创造力，成为教学成功的关键。大体上说，大数据背景下高校外语教师应该是多重角色的集合体，是学生的关怀者、多元文化的驾驭者、本土知识的传授者、教学环境的创设者以及行动的研究者。

1.学生学习的关怀者

关怀是人的基本能力，教师也不例外，教师有责任去关怀不同文化背景的所有学生。教师的关怀是学生内心的需要，教师对学生的关心有助于培养学生关心他人的能力，而且教师的关怀式教学可以体现出教师对学生的期望，从而使学生在期待中强化自己，努力做得更好。大数据背景下的学习由于其自主性较高，因此对学习者的要求也相应提高。虽然学生学习的自由度加大，但是在一定的课业要求下，学生的压力也成倍增加。这时教师就应发挥其学生关怀者的作用，指导学生学习，从而提高学生的学习效率和教师的教学效果。

2.多元文化的驾驭者

如今的社会不仅处于大数据时代，同样也是文化多样化的时代。文化的差异性是多元文化社会的重要体现。多元文化社会中的教育反映了社会的多元化以及文化的多样性，而教师是实现多元教育的首要因素，因此教师应该努力成为多元文化的驾驭者。作为驾驭者，教师应该具备多元文化的运作能力，摒弃狭隘的文化本位主义，了解多元文化的历史，反对种族歧视、性别偏见，从而唤起学生的多元文化意识，培养学生的跨文化适应能力。

由于大数据背景的开放性，学生学习的范围和交际范围都得到了扩展，因此高校外语教师传授给学生相关的文化知识，能够提高学生学习的有效性。

3.教学行动的研究者

在大数据背景下，高校外语教师应该提高自身的研究素质，使自己成为教学行动的研究者。教师的这种研究者角色主要包括知识传授研究者和课堂控制研究者两种。

（1）知识传授研究者

高校教师与专业研究者具有明显区别，主要表现在教师是在现场感受教

第六章　高校外语教师专业能力提升与修炼途径之四：依托信息化平台

育事实，生发教育理念，提升教育智慧的，即教师一直生活在教育教学的实际环境中。教育现场是教育问题的原发地，是产生问题、发现问题的真实土壤。只有进入教育现场，教师才能对教育场景进行深入细致的分析，进而才可能发现待研究的问题。更重要的是，教师应清醒地意识到，理论材料的占有和分析不是自身研究的问题的来源，只有从教育实践场景中才能发现问题。换句话说，教育实践场景既为问题的发现提供了场所，又为问题的创造提供了有利环境。

要想在教育场景中发现问题，高校英语教师首先应具有较强的问题意识。具体来说，高校英语教师应能够从稍纵即逝的现象中敏锐地捕捉到问题，甚至在貌似没有问题的地方发现问题。从一个方面来看，高校英语教师不能放过任何可以提出问题的细节和现象，应对问题具有高度的敏感性；从另一个方面来看，高校英语教师应借助各种形式（如撰写教学日志）来形成自己对教育教学的认识与见解，并积累相关的经验。

但是，传统教学模式下的高校外语教师是知识的传递者，扮演着信息源的角色。事实上，高校外语教师不仅要向学生传授相应的文化知识和学习方法，还要教会学生如何做人。学生在学校学习期间是自己人格形成的时期，教师对学生的影响很大，教师可以帮助学生树立正确的人生观、价值观和世界观。大数据背景下的高校外语教师对于知识的传授更加多样。除了传统的知识外，相关网络知识、数据分析知识也成了教学的重要组成部分。

（2）课堂控制研究者

课堂的主要参与者是学生和教师，学生在课堂学习过程中还没有形成良好的自控能力和自我学习意识。教师作为课堂活动的主要组织者就应该在课堂活动开展期间充分发挥教师的主导作用，克服教学随意性、力争取得较好的教学效果。教师的自我控制主要表现在熟悉课堂教学基本要求、严格执行教案程序以及严格掌握教学时间的分配等方面。

除此之外，大数据背景下的高校外语教师，应该成为学生行为的评价者、学生学习活动的组织者和学习动机的激发者。

①学生行为的评价者。教师是学生学习情况的主要评价者，教师的工作除了要教授学生具体知识以外，还应该包括纠正学生所犯的错误和组织反馈。教师纠正错误应该采取恰当的方式，在纠错过程中应充分考虑到学生的

感受，应尽量采用温和婉转的方式。组织反馈是评价学生行为的有效方式，能判断出他们是否掌握了学习方法。大数据背景所涉及的教学资源十分丰富，学生的学习行为也更加自由，因此教师对学生行为的评价与引导就显得尤为重要。

②学习活动的组织者。虽然大数据背景给学生的学习带来了便利，但是教学的进行仍然需要一个有序的环境。当前，我国学生处于从传统教学走向网络自主学习的过程中，其中会存在众多制约因素。单凭学生自己的能力无法应对这些不利因素，为了保证学习效果，教师就需要组织学生的学习活动，引领学生适应数字技术在高校中的应用。

建构主义理论认为，学习活动并不是教师单纯地向学生传递知识，而是学生根据外在的信息，通过自己的背景知识，主动构建自己知识的过程。根据这种观点，在学习过程中，教师应该积极发挥自己的引导作用，尊重学生的个体差异，使学生能够积极主动地学习。

③学习动机激发者。大数据教学对学生的学习动机有很高的要求，只有学生有学习的主观能动性和积极性才能提高其学习的有效程度。因此，作为教学重要指导者的教师还应该承担学习动机激发者的角色。具体而言，教师可通过如下几个方面对学生学习动机进行激发。

第一，寻找有利于学生学习的趣味性网络资源，使学生接触与了解大数据背景对学习的重大帮助，从而提高其学习兴趣。

第二，规范大数据背景下高校外语教学的环境，使学生了解大数据背景对外语教学的影响和重要性。

第三，当学生端正了对大数据教学的态度之后，就能有意识地使用网络资源和大数据对自己的学习进行预测，从而主动地进行学习。

不难想象，有时学生对学习缺乏动机和兴趣，在很大程度上是他们无法感受到学习的紧迫性。尽管中国加入WTO和经济的飞速发展已使得外语的工具性和重要性日益突出，但这些对于尚未真正接触社会的大学生是无法感觉到的，而仅仅靠老师、家长的说教是十分苍白无力的。因此，学校的相关部门可以宣传大数据背景对教学的综合影响，从而让他们在潜移默化中激起一种学习知识的欲望。

（四）教学设计方面

高校的传统教学设计是建立在课堂、课本基础之上的。进入大数据背景以后，由于学习资源的普及，课堂教学必须从单一的知识讲解向特定情境下的知识运用转变，教师必须引导学生结合网络资源、社会现实，通过独立思考、小组讨论等对所学内容有一个更加深入的理解，最终能够利用知识解决实际问题。这就意味着，教师在做教学设计时，必须考虑学生的个体差异，设计出不同的辅导方案，这样才能使每位学生都能学有所得。

（五）教学评价方面

以往，教学评价的方式主要是作业和考试，评价结果的准确性往往受教师经验和学生发挥的影响。大数据背景下，教学评价不能以一次考试"定胜负"，而应该走向多元化。教师通过对大量数据的归纳发现教学活动和学生学习的实际状况，分析教与学的得失，从而调整自己的教学，最终提高教与学的效果。

第三节　信息化平台上高校外语教师专业能力提升的途径

一、外语教师的自主学习

自主学习是高校外语教师提高信息素养的重要途径，也是最容易实现的一个途径。

（一）自主学习的含义

"自主学习"这一概念早在20世纪就被提出，但关于其定义至今没有达成一个统一的认识。而对于"自主学习"这一概念的表达，更是众说纷纭，如autonomous learning（自主学习），active learning（主动学习），self-study（自学），self-managed learning（自我管理学习），self-education（自我教育）等。这就说明人们对自主学习的研究十分关注，同时说明不同的学者对自主学习关注的角度、重点也不同。

亨利·霍莱克（Henri Holec，1981）是最早进行自主学习研究的学者。他认为，自主学习是指"对自己学习负责的一种能力"，这种能力并不是天生的，而需要利用自然途径或者专门学习才能获得。霍莱克认为自主学习能力表现出以下五个方面的内容。

（1）确立学习目标。
（2）确定学习内容和进度。
（3）选择方法和技巧。
（4）监控学习过程。
（5）评估学习结果。

迪金森（Dickinson，1987）对自主学习定义的分析是从学习的进程方面考虑的。他认为自主学习者应该承担的学习责任包含以下几个方面。

（1）决定学习什么。
（2）学习方式为个人学习。
（3）学习者选择学习进度。
（4）学习者决定何时何地进行学习。
（5）学习者选择学习材料。
（6）自我监控。
（7）自我测试。

班森（1992）则认为，"自主学习是学习者在学习过程中对自己的学习进行控制的能力。但是，这种控制能力并不仅是依靠学习者自身的喜好，控制不是个人做选择的问题,而是集体做决定的问题"[①]。他还将自主从不同的角度定义为"技术自主""心理自主"和"政治自主",并将它们分别与三种相应的学习方法(实证法、构造法和批评理论)联系起来。总结来说,自主学习是一种多维度的能力(multidimensional capacity)。

上述我们介绍了一些代表性学者对于"自主学习"这一概念的看法,这些观点可谓见仁见智。为了帮助读者更好地理解,我们这里主要从广义和狭义两个角度来理解自主学习。

从广义上说,自主学习是指人们利用不同的手段与途径进行的具有目的性、选择性的学习活动,是为了实现自主的发展。从狭义上说,自主学习时学生在教师的指导下,自觉进行能动性、创造性的学习,目的是实现自主发展的教育实践。

狭义的自主学习主要发生在学校教育的范围内,本书中进行的自主学习研究也是从这个角度出发的。自主学习能力是在学习过程中学习者的综合学习能力——拥有知识和必要的技能,使学习目标得以有效地实现。学习者应该具有自主学习的能力和意愿从而实现自主学习。[②]

(二)外语教师的自主学习

高校外语教师的自主学习包括以下几种形式。

第一,收看教学录像。

第二,参与网络教育论坛讨论。

第三,阅读相关文献。

第四,观摩他人教学。

第五,参加教学研讨会。

除此之外,高校外语教师的自主学习也包括向学习者或向自己的孩子学

[①] Bason, P. Self-access for self-directed learning[J]. *Hong Kong Papers in Linguistics and Language Teaching*, 1992(15): 31–38.

[②] Littlewood, William. An Autonomy and a Framework [J]. *System*, 1996(4): 427–435.

习。目前，国内外已经有很多语言教育者的在线发展机会。通过以下网站，外语教师教育者既可以下载丰富的外语教学资源，了解外语教学的新动向，也可以与同行分享教学经验，参与教学问题的讨论：

21世纪网（http://elt.i21st.cn/）

TESOL国际协会（http://www.tesol.org）

ESP教学与研究（http://www.espchina.com.cn/）

通过以下网站，教师教育者拥有网络教研和培训的平台：

全国教师教育者教育网络联盟（http://www.unionedu.com.cn/）

全国高校教师教育者网络培训中心（http://www.enetedu.com/）

通过国家精品课程资源网（http://www.jingpinke.com/），全国高校教师教育者可以获得优质教学资源，汲取精品课程的宝贵经验。

需要指出的是，高校外语教师信息素养的各种途径各有利弊，应该根据实际情况和不同发展需求，采取灵活多样的提高信息素养途径。例如，面对面的培训便于培训师当面指导，优点是节省时间经费、契合本校教学实际，缺点是个性化、针对性不足；网络协作学习的优点是自主灵活性，缺点在于培训组织和管理松散，缺乏效率。

二、外语教师的培训

培训可以说是提升高校外语教师信息素养最直接的途径，也是非常有效的途径。

（一）外语教师培训的内容

在培训内容的设计上，最初是以信息技术技能为中心，但是技术培训并不意味着教师教育者能够自发地将信息技术应用于教学，可能引起教师教育者对技术的焦虑甚至是抵触情绪。因此，后来则更多强调技术与课程和教学的整合，培训的重点从技术本身转向技术的"教育应用"。为了促进外语教学效果的优化，培训要注意以下两点。

（1）转变旧模式的理念，澄清、落实和强化新模式的理念，特别是澄清教师教育者角色的定位、教学结构、师生关系等内容。

（2）强调信息技术与外语实际课堂的整合，突出信息技术在教学中的实际应用，不但应包括人工智能、数字化和信息网络三大关键技术工具的应用，还应包括现代教育技术的理念和方法、生态型外语教学环境的构建及信息技术与外语课程整合的方法、案例讨论等内容。

由此可见，技术与外语课程整合能力培训是重中之重。

（二）外语教师培训的方式

高校外语教师信息素养培训的主要方式包括以下几个。

（1）体验式培训

教育信息化的基本特点是多媒体化、网络化、智能化，体验式培训应在以多媒体和网络为基础的信息化环境中进行。Wood（2013）提出创建"虚拟世界技术教师发展工作坊"，旨在让教师感受多用户虚拟环境作为教学手段的潜力，培养教师运用虚拟世界技术进行教学的意识和能力。

（2）分层或分级培训

外语教师的信息素养水平存在巨大差异，这是客观存在的事实。基于此，可进行分级或分层培训。对此，一些学者给出了较为可行的建议。例如，刘翠萍和杨鸣放（2006）建议将教师分为三种情况，并有针对性地开展培训，实行区别对待。

第一种情况是信息化教育技术知识薄弱、信息技术能力偏低的教师。相应的培训要求是：掌握将信息技术运用于课程教学的基本能力。

第二种情况是接受过一定的计算机教育、已有一定技术基础的教师。相应的培训要求是：进行发展性培训，使他们能够更好地提高设计多媒体课件和网络课件的能力，能够通过网络教学平台组织教学活动。

第三种情况是已具备中级水平并能较好地实现信息技术与课程教学整合的教师。相应的培训要求是：参加高级研修班，提升研发能力，学习开发信息技术与语言教学相结合的新产品。

（3）反思性培训

传统的教师信息素养培训更多采用讲授式的培训，教师可能会努力地学习专家所倡导的理论和介绍的新知识，但在培训之后往往不能将理论和知识在实践中有效地采纳，仍沿着自己习惯的教学方式进行。此时，反思就为"倡导的理论"和"采用的理论"之间架起了沟通的桥梁。在培训过程中，让教师反思自己的教学活动，分析自己的教学行为、决策和结果，从而进一步改进教学。

对于反思性培训，很多学者也进行了研究。

饶爱京（2001）设计了反思锯齿型整合培训模式。该模式包括以下两条主线。

一是通过反思模式革新教学思想，使倡导的理论运用到教学中去。

二是锯齿形模式，将信息技术的提高与教学思想的革新两个过程整合起来，实现信息技术在教学中的合理应用。

该模式的一个显著特点是强调教师教育者的自我反思，实践证明，这样的自我反思有利于增强培训效果。

苗红意等人（2005）提出TRA模式，即"任务—反思—行动"（Task—Reflection—Action Research），包括以下三个子模式。

第一，任务驱动子模式。

第二，反思教学子模式，用于信息技术与学科教学整合培训。

第三，行动研究子模式。

三、培养外语教师的信息化教学能力

关于外语教师的信息化教学能力，要想有效促进其发展，需要采取相应的培养和发展策略。这方面的策略有很多，为了便于理解和操作，可以将这些培养策略大致分为三个方面：一个是促进外语教学信息化教学能力发展的外部环境条件——宏观策略；一个是促进其发展的方法论——中观策略；还有一个是促进其发展的内部系统和直接条件——微观策略。每一个策略又包含了很多具体内容。

（一）宏观策略

外语教师信息化教学能力培养的宏观策略，主要包含社会发展的需求、国家政策的保障、教育改革的引导、学校组织的支持以及教师成长的动力这几个方面内容（图6-2）。外部环境的建设是外语教师信息化教学能力发展的重要基础。

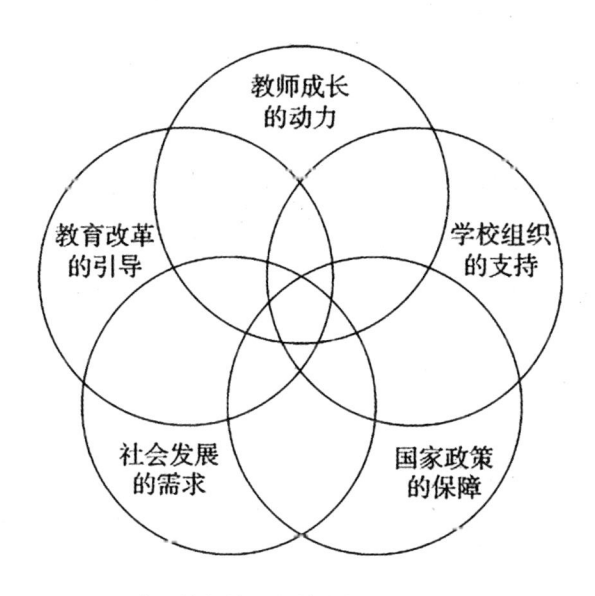

图6-2 外语教师信息化教学能力培养的宏观策略

1.社会发展的需求

信息化社会的一个显著特点就是信息量激增，知识更新周期缩短。对于外语教学来说，教育的信息化已经渗透其中。因此，作为教育实施者的外语教师，其信息化教学能力的培养至关重要。信息化社会对信息化人才的培养要求是具有创新精神和实践能力，因此外语教师自身的信息化发展就显得尤为重要了。可以说，外语教师信息化教学能力的培养，不仅是信息时代对外语教师的能力要求，也是信息技术深入渗透进教育的发展需要。关于外语教师在信息化社会中需要培养的教学能力，可以大致分为三个方面：一个是信息化学科知识，一个是信息化教学法知识，还有一个是信息化学科教学法知识。

2.国家政策的保障

关于国家在政策方面对外语教师信息化教学能力培养策略的支持与保障，主要从相关通用教师教育技术能力标准的颁布与实施、教师相关信息技术能力的国家层面培训项目支持等方面得到体现。从国家政策保障的层面来说，外语教师信息化教学能力的培养和发展，要重视外语教师教育技术能力中教师信息化教学能力相关的明确要求，根据实际情况来对教师相关能力标准的规范进行适当调整，同时不能忽视教师相关能力的培训、考核与认证等方面的工作内容。经费投入方面也是需要重点关注的，由此来保证外语教学信息化教学能力发展的基础和条件。这样才能从政策和资金等方面有效保证外语教师信息化教学能力的培养和发展，使其多层面和终身化的实现得到保障。

3.教育改革的引导

教育教学的改革成为现代社会促进教育教学发展的一个重要路径。应该说，教育教学改革在课程体系、实践教学、教学方法策略等方面，已经有了很大的改革与引导。外语教师教育改革往往跟不上基础教育课程改革的步伐。这在外语教师相关信息技术能力的培养和发展过程中也有着突出的表现。因此，外语教师信息技术能力的相关培养和发展，不能仅仅局限于教师信息化教学能力的提升，也要涉及其能力标准、相关教学评价以及相关科学研究等各个方面。

4.学校组织的支持

学校是教师教育教学活动的场所，教师教学能力的发挥也需要在这样的平台上来实现。对于外语教师信息化教学能力的培养与发展来说，这一目标是需要在一定条件的支持下才能实现的，而重要的条件之一就是学校组织的支持。具体来说，这一支持包含着丰富的内容，如校长的支持、资源的准备、培训的参与、教学的交流等。

5.教师成长的动力

外语教师的信息化教学能力培养和发展需要具备重要的条件，这一条件主要是指外部因素，而起到关键性作用的是内因。换言之，外语教师自身必须具备培养和发展的最终内驱力，才有可能实现信息化教学能力培养和发展的目标。一般来说，外语教师信息化教学能力培养和发展的内因主要包括外语教师自身的自信心、正确的态度、时间保证、知识的储备等。同时，信息化社会外语教师的专业成长需要，也对外语教师信息化教学能力的培养和发展起到了积极的促进作用。

（二）中观策略

外语教师的信息化教学能力培养与发展在方式、方法和策略方面也有一定的需求，也就是要有促进其发展的方法论，即教师信息化教学能力发展促进策略的中观层面。在这一层面上，促进外语教师信息化教学能力培养与发展的关键环节是职前培养、教学实践、在职培训、协作交流、自主学习。关于外语教师信息化教学能力培养与发展的中观策略，主要有以下几个方面。

1.职前培训与在职培训相结合

教师信息化教学能力发展是一个系统的过程，并且整个发展过程实现了动态、开放、多元、协作、终身能力发展的转变。职前培养与在职培训在外语教师信息化教学能力培养和发展的过程中处于非常重要的环节，二者之间有着紧密的联系。其中，职前培训所涉及的主要是外语教师的技术知识、技能的学习和模仿，虽然也有一些教学实践环节，但总体上要以外语教师信息化教学知识和技能的获得为主；在职培训所涉及的内容主要为知识、技能在新情景中的动态应用实践，当然也包括一些技术知识、技能的学习。

2.传统方式与网络在线相结合

在现代信息化社会中,尽管获取学习信息资源的渠道已经多元化,并且对外语教师信息化教学能力发展的网络在线途径的重视程度比较高,但是,这并不是唯一的,传统的方式也不能完全被忽视,也要适当采用,从而保证其知识获取、教学经验分享、教学研讨、协作教学等的顺利实施,实现与传统方式的有机结合。

3.技术知识与实践应用相结合

外语教师信息化教学能力的获取是由处于基础性地位的外语教学技术知识经过教育教学实践而转化成的教学应用能力,因此也可以将外语教学的信息化教学能力理解为外语教师技术知识与实践应用相结合的结果。这两个方面缺少了任何一方,外语教师的信息化教学能力都不可能实现,因此将二者有机结合起来是非常有必要的。

4.自主学习与协作交流相结合

在信息化社会,外语教师不仅要有自主学习的意识,还要有自主学习的能力,这样才能与社会发展变化和教师专业成长的需要相适应。外语教师信息化教学能力发展所具有的开放性、动态性、终身性特征,都离不开外语教师的自主学习能力。信息化社会的外语教师,同样也需要具备协作交流的素质,这主要包括两个方面的内容:一个是教师同行间的教学交流、教学观摩、教学研讨等;一个是外语教师与学生、教师与专家的交流对话。教师的信息化协作教学,能有效共享集体的知识、经验与智慧,形成教师信息化教学的共同体。

(三)微观策略

外语教师信息化教学能力培养与发展微观层面的促进策略,大致可以分为三个方面。

1. 以自主学习为主的知识积累

对于外语教师信息化教学能力的培养和发展来说，教师的自主学习是非常重要的基础条件和动力源泉，也是外语教师专业发展的内驱力。通过自主学习，能使外语教师实现技术知识积累，促进教学，促进学生的发展。这在外语教师的职前培训和在职培训中都有所涉及。某种程度上，通过自主学习，能够使外语教师在信息化教学能力不同发展阶段获得的离散知识更具系统性，使得信息化社会中教师的专业发展更具动态化、可持续、终身化。

2. 以教学实践为主的应用迁移

关于外语教师信息化教学实践的形式，可以将其理解为外语教师教学技术知识、技能在具体情景中迁移应用的体现，是一种"理论化的实践"。因此，外语教师要以教学实践为主，在不同的信息化教学情景中，实现信息化教学融合与信息化教学交往，在实践中反思，在反思中成长，最终实现外语教师信息化教学智慧的生成与创造。

3. 以协作教学为主的对话交流

外语教师的信息化教学能力包含的子能力有很多，其中之一就是信息化协作教学能力。教学观摩、教学研讨、协作交流、协作科研等都属于外语教师的协作化教学能力范畴。某种意义上，外语教师在信息化社会中以协作教学为主的对话交流策略，是对现代社会的一种体现，具有显著的时代性特点。

第七章
高校外语教师专业能力提升与修炼途径之五：优化学校措施

  提高高校外语教师专业能力的关键，除了教师个人的意识外，还与其工作的场所——学校密切相关。学校是教师专业发展的直接外部因素。学校的管理影响着教师的专业能力提升。学校措施有很多，如用人制度、校本培训、教师激励等。学校通过这些管理措施，合理分配教学资源，激发教师专业发展的动机，提高教师专业发展的素质和能力，为教师的专业发展提供良好外部环境。

第一节　改革高校外语教师人事制度

一、当前高校教师人事制度的主要形式

高校教师人事制度是非常复杂的，这与经济市场化所带来的自由和效率要求相符合，因此高校教师人事制度也是多种多样的。以教师与校方的不同关系和职务特点为标准，可以将教师的任职方式分为三个大类，即行政任命制、聘任制、编外聘任制。其中，任命制和聘任制下的高校工作人员均属于全民事业编制，即"正式编"人员。而聘用制下的工作人员则不属于全民事业编制之列，因此又被称为"编外"人员或是"非正式编制"人员。

二、当前高校教师人事制度存在的问题

当前我国高校在教师人事制度实施过程中，仍存在一系列亟待解决的问题。首先，制度设计科学化欠缺，如缺乏岗位竞争机制等。其次，各高校教师队伍结构仍存在优化空间。再次，教师聘任和评估考核过度关注科研产出指标，考核周期过短，教师薪酬吸引力不足且内部薪资差距较大。最后，相当一部分高校存在管理人员专业性欠缺、管理部门权责不清等情况。这些问题于教师的专业发展是不利的。

（一）岗位设置不合理，岗位职责不明确

科学、合理的岗位设置是聘任制实施的基础。但当前我国高校普遍存在因人设岗、人浮于事的情况，编制与岗位设置不对称，超编、冗员现象非常

严重，以致需要的人才进不来，极大地阻碍了教师人力资源的合理流动，使聘任制的落实成为一句空话。

明晰的岗位职责是聘任制实施的前提，没有明确的岗位职责，实施教师聘任制就毫无意义。当前，高校岗位职责确立存在这样或那样的问题，最突出表现在以下两个方面。第一，岗位职责要求普遍过低，失去了教师聘任制应有的激励与导向作用。第二，岗位职责存在重科研、轻教学的"唯学术"倾向，而且对科研是轻质重量，造成目标导向出现偏差，教师短期功利化思想严重。

（二）未能建立科学全面的评价与考核体系

当前建立在现行教师聘任制基础之上的教师评价机制很不完善，尚存在诸多问题，导致许多负面效应，如损伤了部分教师的自尊心，抑制了教师对工作的积极性和创新性，破坏了教师之间的协作和教师队伍的凝聚力，压抑教师潜能的发挥等。主要表现在以下几个方面。

第一，在评价理念上容易混乱，要么过分注重目标管理，忽视教师个体的特殊性和主观能动性；要么片面理解以人为本的含义，无法对教师进行行之有效的绩效管理。

第二，对教师的评价仅以教师教学的绩效、科研成果的数量等内容作为主要参考，而对教师超出工作时间以外的劳动和所创造价值等方面缺乏科学、理性的评价，评价内容狭窄。

第三，评价标准和方式简单，过于强调以定量考核的标准和方式进行评价，忽视了对教师综合素质和能力的定性分析，助长了急功近利、教学科研浮躁的风气。

第四，评价导向失准，过分注重科研业绩，片面强调科研工作在教师职业生涯中的地位和作用，忽视了教师教书育人的基本职责。

这样的评价体系当然难以全面、客观地评价教师的真实水平和综合素质，评价结果难以与高校的发展目标相适应，甚至会迟滞学校的发展。在目前这种评价体系下，学术必然要为个人利益所驱动，而丧失其独立性、创新性和前瞻性。

（三）激励机制不完善，短期化行为严重

当前高校对教师往往注重物质激励，而对教师的精神激励和人文关怀较少，这种单一的激励手段忽视了教师职业的独特性和成长规律，容易导致教师过分追求物质利益而出现有悖学术道德和教师职业道德的现象。其次，没有建立起短期激励与长期激励相结合的长效机制，现实当中更偏重的是短期激励，导致高校教师的短期化功利行为，不利于学校和教师时效性和可持续性激励机制的构建。具体表现在以下两个方面。

第一，学校管理方面。首先，高校管理层存在短期功利化思想，为求得任期内的快速发展，未能从根本上认识高校改革和发展的主要矛盾和学校的实际情况，采取简单套用其他学校的改革模式和方法，以期获得短期效益。其次，高校在人才引进、利用、培养等方面存在着严重的短期行为，着重于学校眼前的利益和某些数字化的成绩，制定的政策不具有连续性。最后，对教师的激励依靠单纯的物质刺激，对教师的工作评价过分偏重于量化的业绩，忽略了教师劳动的特点和职业的特性，忽视了对教师进行职业生涯的规划，放松了教师队伍提高能力和素质的长效机制建设。

第二，教师方面。迫于岗位竞争和聘期评价的压力，教师在工作重心的选择和处理上具有一定的偏向性，更看重既能产生实际效益，又能满足竞争需要的工作内容，因此导致重科研、轻教学，重数量、轻质量的现象时有发生；而且为完成岗位职责和任务、追求短期利益，教师的投机行为明显增多，论文著作拼凑炮制、抄袭剽窃的现象时有发生，科研项目零敲碎打，一个项目分为多个子项目，多人主持的情况屡见不鲜。其次，教师受短期效益观的驱使，在科学研究和学术探索上，宁可选择虽然无助于水平提高却能带来实效的"短、平、快"的项目，而对难度较大、费时较多、投入较高且不易在聘期内完成的基础性和创新性研究项目持谨慎态度，严重阻碍了学校科研水平的提高和学术领域的拓展。最后，由于在同等条件和要求下竞聘岗位，迫于竞争的压力和生存的需要，一些老教师不再"甘为人梯"，不再热心于对青年教师的"传、帮、带"，教师之间不愿团队协作，追求自立单干，致使学科梯队建设受到严重影响。

（四）人才引进与选拔机制不健全，教师流动渠道不畅通

当前，高校人才引进途径过窄，选拔机制不够健全，主要表现在以下几点。

第一，人才引进基本局限在高校与相关科研单位，主要以应届毕业生和具有高级专业技术职务、高学历的教师和科研人员作为人才引进的对象，而没有真正、完全地面向社会招贤纳才。

第二，人才引进偏向于关注学历、资历，而往往忽视能力、水平与业绩，使得企业等相关单位的具有高水平，但学历、职称相对较低的具有创新精神的高素质人才难以进入高校。

第三，"近亲繁殖"较为严重，极大地阻碍了高校的学术交流与创新。

第四，在人员的选拔任用上，行政组织和学术组织的遴选人才作用至今仍然存在分歧和争议。

此外，教师流动渠道也不畅通。由于高校用人制度相应的配套措施严重滞后，社会保障体系不健全，再加上传统人事管理观念的影响，教师聘任制的实施并未能形成真正的竞争机制，而且缺乏淘汰机制，以至于教师流动渠道不通畅，无法形成合理的流动机制。不胜任的教师无法及时调整、分流，急需的人才却进不来。

（五）管理工作不到位

首先，高校内部人事管理还没有完全脱离计划经济思想的束缚，教师管理的手段、方式还是以传统人事管理思想为指导，未能建立一套与市场经济相适应的高校教师人力资源管理模式。

其次，在实施聘任制的过程中，一些高校未能深入细致地把握学科特点，在岗位设置、聘任条件、岗位职责、考核标准等方面未能处理好人文社会科学与自然科学、基础学科与应用学科的关系，采取一刀切的办法，严重违背了学科发展的内在规律。

再次，对教师的聘后管理缺乏有效的绩效考核办法和有力的监督力度、监管机制，对教师队伍中有违职业道德和学术精神的现象不想管、不敢管、

不会管，严重阻碍了教师队伍的建设；同时，管理部门尚未做到"有所为、有所不为"，行政干预学术的现象仍然普遍存在，制约了学术的发展。

当然，问题并不仅是上述几个方面，还存在着诸如内培与外引的矛盾等问题。这些问题都表明，现行的教师聘任制仍不能很好地适应高等教育迅猛发展的形势对教师队伍建设提出的要求，并对高校教师管理、高职院校教师队伍的建设和发展存在着很大的影响，必须加以改革与完善。

三、当前高校外语教师人事制度改革的出路

（一）高校外语教师专业发展中提升教师的主体性

1. 在高校外语课程开发中提升主体性

鼓励高校外语教师积极参与地方、学校课程的开发，不仅能够保证课程的科学性、全面性，同时可提高教师对专业课程的学习、参与热情。外语教师对于课程研发具有更高的参与感，能够体现自身主体性，在对课程开发过程中融入更多自己对于外语教学实际的建议，提高教学针对性，不断丰富课程内容。外语教师在课程开发中实现了主体建构，可以帮助教师自身不断提高总体素养。

对于高校外语课程开发，首先要重视教学内容的选择，教师需要针对社会环境实际应用，结合院校特色及基础条件，对课程教学有一个科学的评估，再根据设计好的内容进行编制，以学生作为学习主体，编制更吸引学生学习的内容，适当删减超纲内容。

此外，高校外语教师应当积极参与课程改革创新，通过对院校自身特色的了解，利用校园现有资源，积极参与课程创新探讨、编写任务。自主研发高校外语课程进而确定教学目标及内容，通过教师之间相互交流，共同完成外语课程编制，重视课程创新。高校外语教师亲力亲为，能够做到外语课程内容的有效创新，提高了教师参与热情，有助于教师主体建构的顺利进行。

2.建立发展性教师评价、完善激励机制

大学应在传统教师评价基础上，重新整合、探讨新的外语教师评价体制，重视教师自身能力、素质，尊重教师主体人格的发展。

第一，发展性教师评价需要结合自我评价和他人评价两方面，综合考虑高校外语教师多方面能力体现，教师可以借助他人评价更好地了解自身不足，并及时采取措施，促进教师自主探索、学习的能力。

第二，注重定量评价和定性评价的结合，要提高外语教师评价的科学性，面对复杂的外语教学工作环境，更合理地对教师作出评价。

第三，注意对外语教师整体、全面的评价，考虑教师的专业技能、职业道德、文化修养等层面，进而更公正地对教师作出评价。

除此之外，只有完善高校外语教师鼓励机制，才能调动教师的教学积极性，发挥主体性优势，提升教学质量。鼓励机制是激发外语教师主体性的重要手段，高校应该在外语教师工作过程中给予适当监管，并付出更多的尊重与关心给教师，促进教学气氛的良性保持。完善教师鼓励机制，进而帮助教师更好地了解自身能力和优势，改善教师与学生之间的关系，有利于调动外语教师的主体性发展。

3.改革教师教育体系，促进教师主体性发展

高校外语教师主体性发展对于教学质量尤为重要，要想促进外语教师的主体性发展，可以从如下几点着手。

第一，改革教师教育体系，攻克外语课程中薄弱的教育环节。深化高校外语教师教育体系，以院校自身发展特色为主，摒弃老旧、传统的教育模式，结合实际进行课程教育的创新发展，促进教师主体性优良发展。

第二，加强高校外语教师职业培训，提高教师自身的责任感，不断更新专业储备知识，不断总结更有利于教学的经验。组织高校外语教师进行教学内容探讨，进而增强自身职业技能，提高教师主体判断、学习的能力，可以邀请一些外来名师做教学演讲。

高校外语教师的培训方式要顺应当代需求进行改革，重视教师自身发展需求，积极改革教师培训体系，让教师自身愿意接受培训内容，真正达到培训的目的，发挥教师职业主体性。根据社会对人才的需求，调整有效的课堂

改革方向，并邀请高校外语教师参与、沟通、解决教师培训中的一些问题，提升教师对于高校培训相关流程研讨的参与感，从而提升自我价值，能够更好地将自身优势发挥出来。

（二）高校外语教师专业发展中的制度培育策略

1.完善促进高校外语教师专业发展的政策

为了给高校外语教师专业发展提供良好的发展空间、环境，高校必须重视相关政策的发布和执行，完善高校外语教师专业发展规章制度，创造良好的成长、发展条件。高校应该严格规范外语教师的聘请制度，实施流动性的教师选拔制度，增加外语教师之间的竞争机制，能够促进外语教师自身能力的提高。落实高校外语教师资格认证的标准，对外语教师工作内容定期监督，并通过有效的教学评价体系对外语教师教学质量做出评估，促进外语教师教学水平的优化发展。

2.改革教师评价制度、职称评定制度

高校外语教师评价制度需要重视评价主体的多重化，以保证对于教师评价的公正性，评价主体包括学生、其他教师、领导等。对于外语教师的评价内容，需要考虑更多层面，如教师的教学水平、外语专业程度、职业道德修养等，丰富的教师评价内容，可以让教师更综合地了解自身的不足和优势，进而对薄弱环节做出调整。评价形式可以脱离单一的问卷式，面对面交流或组织教师相关评议都是可取的。

另外，高校应建立一套系统有效的外语教师职称评定制度，传统评定方式仅考察教师文章发表的数量和科研量，显然无法充分、全面地对教师进行评定。应该更多地关注外语教师发表文章的质量，并且在关注外语教师课堂教学效果的同时，全面考察教师相关研究成果对社会服务的价值，保证外语教师的全面发展。

3.建立高校外语教师心理援助制度和职业扶持制度

高校外语教师专业发展问题受到社会关注，建立相应心理援助制度非

必要，能够帮助高校外语教师减轻压力。高校外语课程尤为重要，教师的付出不容小觑，如果没有调节好心理，而出现一些负面情绪，对教师的工作生活都有很大的影响。高校应该组织开展一些有助于教师缓解压力的活动，保证教师心理状态良好，提高教师压力承受能力，为教育事业奉献自己的力量。此外，高校需要重视对外语教师的职业扶持制度建设，做好"尊师重教"思想观建设，为教师发挥自身职业价值提供条件，合理调整教师的工资待遇，激励教师将重心放在教学和科研工作中。

综上所述，目前高校外语教师教学压力大，教学方式单一，教学任务完成效率低，教师自身成就感低，影响了外语课堂教学效率。需要深化认识教师主体建构及制度培育的重要性，帮助高校外语教师树立正确的职业价值观，重视其自身能力综合发展，才能使教师将自身职业作为生命中重要的部分，为社会做出更多贡献，实现社会价值。

第二节 依托校本培训高校外语教师

一、校本培训的内涵

在特别强调教师发展的今天，校本培训已经成为教师教育受到普遍欢迎的一种模式。英语教师积极参与本校定期举办的教师培训活动，和同行以及有经验的老师一起讨论教学中的有关问题，找出其共性以及解决办法，从而使自己在专业知识和职业能力方面得以提高和改善。

1989年，欧洲教师教育协会指出，校本培训指的是源于学校课程和整体规划的需要、由学校发起组织、旨在满足个体教师工作需求的校内培训活动。它包括以下四个要素。

（1）校本培训的出发点即达到组织的某种要求。

（2）校本培训以学校为实施的主体，学校有充分的自主权。

（3）校本培训的目标既要满足教师的需要，也要满足学校发展的需要。

（4）校本培训的地点宜在校内进行。

我国学者何声钟给校本培训下的定义是：源于学校发展的需要、由学校发起和规划、满足学校与教师发展需要、在校内进行的学习与培训活动。它既可以在整个学校进行，也可以在某个部门或某个学科组织进行，还可以多所学校合作进行。

总体来说，校本培训模式带有以下几个方面的特点。

（1）以学校为本部。培训计划根据学校发展需求而定，课程安排也以学习者全面发展来设计，是一种基于学校发展的整体目标而开展的培训模式。

（2）以教师为本体。培训中教师不仅是被培训者、学习者，同时还是培训的制订者和参与者。

（3）以研究为本位。校本培训的内容或者研究课题主要是针对学校经常遇到的教学问题、管理问题，教师在培训中研究问题、解决问题，从而提升教师的专业素质以及学校的发展。

（4）以实践为本纲。校本培训的纲领特点是为了促进教师教学实践的发展。

（5）以合作为本线。校本培训过程中始终需要师生合作、师师合作、校内外合作，因此合作是进行校本培训的基本要素与学习方式。

二、校本培训的价值

校本培训的价值体现在如下几个方面。

（一）创立一种学习、思想和关怀的共同体

学校应学会追求个性化与动态化发展，学校发展关注的不再是简单输入与输出，而是一种综合的、自我组织的系统。对学校中的个体学习者而言都是持

续不断的个体学习；对学校中的每个学习小组而言都被视为集体的、合作的社会的学习；对学校而言其本身被看成是一种学习系统，具备自成体系的能够推动学校创新、设计发展"远景"、诊断教学效能以及解决问题的策略。

这就要求教师成为一个不断学习的学习者；教师间相互学习，形成双赢的教学共同体；学校领导者不断学习，并关注教师的专业成长。思想的共同体不仅是指认识的简单一致，它也包括深刻的思想冲突及共享，以及在更深层次的互补。

（二）形成一种新的评估观念

校本培训不应只是关注培训的成果，还要重视整个培训的过程。因此，评价的形式也应由终结性的量化评价转向过程性评价。改变人们对教师角色和教师形象的传统理解，将反思与研究作为评价教师专业化水平的重要标准之一。

（三）改变教师的角色

教师要实现作为知识分子的价值，就必须营造自我意识、结构条件，从事写作、研究、与其他编写课程的人合作、分享权利。老师需要形成自己的看法与观点，形成自己的一套假设，这样才会成为有个性的知识分子，更好地实现知识分子的价值。

综上可知，良好的教学能力既需要教师自身专业技能的发展，也需要通过严格的校本培训提供支持。

三、校本培训的组织管理

校本培训的实施需要培训者进行完善的组织管理，才能促进培训效果的达成。具体来说，校本培训的组织管理包括以下几个方面。

（一）成立组织指导机构

为保证校本培训做到有人抓有人管，学校应成立校本培训组织领导机构，通常校长任组长、副校长任副组长，正副主任可作为成员。另外，学校还可专门成立高校外语教师校本培训指导组，将培训工作与领导分管工作紧密挂钩，这样有利于工作的正常开展。同时，学科组织和群团组织等有机联系，既达到效果，又提高效率，减轻领导和高校外语教师的负担。在有条件的学校还可以专门成立培训处（可以和教研处或教研组互相兼职），选有经验的中老年教师具体负责这件事。

（二）制订培训活动计划

计划是一项工作目标，也是一种工作思路。它有前瞻性、规划性和操作性。它也是学校能否搞好校本培训的保证。也就是说校本培训如何搞，外地哪些好的经验可以借鉴，本校的师资、物质条件的实际情况怎样，怎样设计学校的校本培训工作思路，领导心中必须事先有数。校本培训计划包括培训目标、培训内容、培训时间、培训形式、培训过程的组织管理，以及对培训结果的考评等几个方面做出规划和安排。培训计划既要体现超前性，又应体现操作性，符合学校实际。在具体的校本培训计划制订过程中，应该注意处理好以下几种关系。

1.处理好长远规划和年度实施计划的关系

通常学校对教师的专业发展应有一个长远的打算，最起码有一个粗线条的三年规划。校本培训既有长计划，还要有短安排。短安排就是制订好每学年和学期的实施计划。实施计划应有操作性，指导思想明确，分析现状准确，培训内容实在，措施具体，保障校本培训的有序实施。

2.处理好共性培训和个性培训的关系

由于校本培训是学校这个基层单位自我组织的，是为教师的可持续发展服务的，因此，各个学校的培训工作就存在着共性，如基本常规、基本组织形式相同，基本内容也大多数趋向于提升教师的教育理念，转变和提高教师的专业化能力等。校本培训中应该处理好共性培训和个性培训之间的关系，促进教师的个性发展，促进教师自身教学风格与特色的形成。

3.培训计划应做到五个结合

"五结合"，即自学与讲座相结合，"请进来"与"走出去"相结合、自我钻研与拜师学艺相结合，专题研究与教学比武相结合，理论研究与成果交流相结合。为了使校本培训计划能较好地得到实施，在制订校本培训计划时应尽可能和学校整体计划相一致。

四、高校外语教师校本培训的具体途径

（一）校本督导途径

1.校本督导的内容

校本督导途径是由学校成员参与的自主与合作的指导过程，目的是提升学校教育实践活动。一般情况下，校本督导途径主要涉及如下几个层面。

（1）外语教师个人发展

这方面主要强调学校应该关注教师的满足与稳定。同时，学校也不能忽视教师的身体情况、家庭状况、感情情况等。也就是说，外语教师的个人发展涉及职业操守、宗教信仰、兴趣爱好、家庭生活、社会活动等方面。

（2）外语教师的专业发展

这是校本督导途径的最基础内容，其强调教师教学技能的发展和提高。具体来说，外语教师的专业发展主要涉及教学方法、专业知识、课程与教学、实践能力、教育研究、教学目标等方面。

（3）学校的组织发展

这方面主要强调的是教师生活质量的提高、学习组织氛围的改进、学习发展目标的达成。具体来说，学校的组织发展涉及人际关系、人事制度、学

校规章制度、学校管理计划、学校组织、学校财政、校园氛围等。

需要指出的是，外语教师的个人发展、专业发展、学校组织发展这三大层面是紧密联系的，三者相互作用、相互重叠。教师专业发展是以个人发展与学校组织发展作为保障和支撑点的。

2.校本督导的形式

校本督导有很多种形式：常规督导形式、自我督导形式以及教学督导形式。

（1）常规督导形式

这是一种必不可少的督导形式，其意义与行政监督有着相似的地方。常规督导形式往往是由学校主管部门或者院系领导定期组织听课，观察任课教师的课堂行为与教学活动，从而对任课教师提出意见，给予任课教师一定的帮助。

（2）自我督导形式

这一形式是由教师自己制订专业发展规划，然后独自实施，最后完成自己的专业发展规划，实现自己的专业发展。自我督导可以采取多种形式，如参加相关研讨会与座谈会、组织学习者评价自己的教学行为、对研究报告和专业杂志进行分析、通过录像等设备来分析自己的教学活动等。

（3）教学督导形式

这一形式主要是由督导教师对任课教师进行有针对的帮助活动，从而进一步提升任课教师的专业技能。这一面对面的督导形式，通常采用的方式有诊断性督导、微格教学技术等。其中，诊断性督导形式是最常用的教学督导形式，其帮助的对象往往是新教师或者缺乏教学经验的教师，有助于帮助这些教师解决问题，促进新教师向着成熟教师的方向发展。

（二）校本教师培训

校本教师培训是在教育专家指导下，由学校和教师发起组织的、围绕着学校教育教学发展改革中所遇到的各种实际问题，利用一切可以利用的教育资源，促进教师教、学、研的统一，从而实现教师专业发展的培训模式。

第七章　高校外语教师专业能力提升与修炼途径之五：优化学校措施

1.强调教师自主学习

学校教师专业发展实质上是其进行自我定向、自主学习、自主发展的动态过程。因此，要实现高校外语教师自身专业的发展，需要促进其形成实现自身专业发展的自觉意识。在进行校本培训的时候，要尊重教师的自主性理念，促进教师自主发展，并为教师的自主发展提供有利的资源、条件和引导。

2.加强教师间的互助合作

在校本培训中，改变传统培训中培训者高高在上、受训者被动接受培训的局面。校本培训建立在对校内培训资源的充分利用基础上，而且每位教师都有自身独特而又宝贵的教学经验。为此，通过搭建教师间合作互助的平台，促进教师间交流、分享教育教学经验，整合和重建各自的经验背景，促进自身专业的发展。

3.重视同行专家的指引作用

虽然校本教师培训的核心理念在于倡导自主学习、推动合作互助。但是专家的支持和引导，又具有重要作用。为此，要大力倡导以老带新的"导师制"，从而极大地促进学校教师专业发展。重视专家的引领作用，还应该重视发挥专家的"教学督导"作用，对上起到"参谋""反馈"的作用，对下进行"监督""指导"。

4.注重组织制度保障机制建设

学校应该积极建立"教学发展中心"，对教育资源进行整合，为教师提供教学支持，提升教师的教学质量，推动校本教师培训的开展；将有关教育教学、教师培训的标准、要求等规范化、制度化，对学校教师专业自我发展进行严格管理等，实现其专业成长。

第三节 建立完善的高校外语教师激励机制

一、教师激励的含义

教师激励简单来说就是指激发广大教师的积极性，勉励其向期望的方向努力。一般来说，激励的水平越高，完成目标的努力程度和满意感也越强，工作效率也越高；相反，激励的水平越低，完成组织目标的动机不强，努力程度也不高，工作效率也相应越低。

教师激励通过外部的刺激、灌输与影响，把激励的内容转化为教师个体的思想和自觉行为。激励是从个人的需要出发，把个人的需要与社会需要相结合与相统一的过程。此外，激励是一种内化过程，通过内化使主体产生超常的作用与力量。总之，教师激励是一种引导活动，是一种教育活动，也是一种管理活动。整体来看，可以从以下几个方面把握教师激励的含义。

（1）教师激励是一个连续的概念。激励贯穿于教师人力资源管理的全过程，而非某个阶段或某个环节。一个阶段、一个环节的激励完成了，又会产生新的激励，某个阶段、某个环节可能同时并存几个激励。

（2）教师激励是一个动态概念。激励不是静止不动的，而是一个调动广大教师积极性、挖掘其潜能的动态过程。

（3）教师激励是一个管理的概念，也是一种对教师进行管理所采取的方法或手段。

（4）教师激励是一个工作概念，也就是说，激励所指向的是教师的工作积极性与潜能，而非工作之外其他活动的积极性与表现水平。

二、教师激励的意义

（一）是教师努力工作的动力源泉

教师激励是教师工作的推动力。通过有效的激励，可以调动广大教师的工作积极性与主动性，促使广大教师更加积极主动地发挥自己的聪明才智。纵观教育实践，有些学校的教师奋力争先，积极投入，忘我工作，就是由于学校实施了有效的激励；而个别学校的教师消极应付、"磨洋工"，就是由于激励环节没有解决好。有人会说，这属于教师责任心的问题，但教师的责任心不是凭空产生的，缺乏有效、及时、恰当的激励，就不可能使教师产生高度负责的责任心。

（二）有利于提高教师素质

要想提高教师的素质，激励本身就是一种很好的途径。学校或有关部门可以采取措施，对坚持业务学习、不断扩展知识体系的教师给予表扬和奖励；对不思进取的教师给予适当的批评，督促安于现状的教师，并在福利、晋职、奖金等方面加以区别对待。长期来看，这有利于形成良好的氛围，促使教师积极主动地学习知识、熟悉教学业务、钻研教学技巧，从而提高自己的综合素养。

（三）有利于提高教师的工作效率

有效的激励能使教师产生巨大工作推动力量，使教师始终保持一种高昂的工作热情，保持高水平的工作绩效。管理学中有 个著名的公式，即：

$$绩效=f（能力×激励）$$

这说明教师的工作绩效取决于两个因素，一是教师的能力水平，包括一般能力和特殊能力；二是通过激励调动起来的工作动机与积极性。两个能力相当的教师,其工作绩效取决于对其激励水平。可见,要提高教师的工作效率,必须充分重视激励的作用。

(四)可以充分发挥教师的潜力

哈佛大学詹姆斯(W. James)教授通过对一些工人的调查发现,一般情况下,工人只发挥了自己能力的20%—30%,而如果受到充分的激励,他们的能力可以发挥到80%—90%。同样的道理,在教育实践中,教师人力资源的实际能力有时并不能得以充分释放,如有些教师专业不对口、工作岗位不甚满意、工作缺乏兴趣、报酬不高等,这些都严重阻碍了教师工作积极性的发挥,不能人尽其才,本来有十分的能力,可能只发挥七八分,甚至只有四五分就可以应付局面。这就需要有效的激励来挖掘广大教师的潜在能力。

(五)教师激励有利于营造良好的竞争环境

激励本身就包含一种合理的竞争,良性的竞争机制提倡教师间进行公平、合理、友好的竞争,通过竞争区分出优劣,这是实施激励的前提条件,也是激励引导的结果。这里要防止教师间的恶性竞争,不能因为竞争而竞争,要比贡献大小、比业绩好坏。

(六)有利于提高学校组织的凝聚力,吸引优秀教师人才

有效的教师激励不但能提高教师的积极性,而且能使广大教师产生较高的群体认同感和群体归属感,使教师为自己属于这个学校的一员而感到光荣与自豪。教师一旦有了群体归属感,他们就会自觉地维护学校组织的利益,主动地为学校组织的发展而努力工作、献计献策。教育实践也表明,激励手段有效的学校,教师很少离岗或"跳槽",有些教师之所以"跳槽",正是由于其所在学校的激励手段没有到位。实施有效激励手段的学校不但能增强学校的凝聚力,而且能产生巨大的号召力,从而吸引更多优秀的教师人才。

三、高校外语教师激励的方法

归纳起来,高校外语教师激励的方法主要有以下几个。

(一)目标激励法

所谓目标激励,是指通过设置适当的工作目标来激发教师的工作动机,以便充分调动教师的工作积极性。目标具有行为导向性和强大的激励功能。根据目标设置理论,要为教师设置明确可行的目标,目标要有一定的难度,使学校的组织目标和教师的个人目标结合起来,教师要对设置的目标有充分的认识与接纳,使教师的工作具有挑战性与多样化。需要注意,应设置系列目标,即大目标下有小目标,一个目标完成了还有另一个目标。此外,要注意对教师完成目标的过程进行及时反馈。

(二)报酬激励法

报酬激励是一种重要的物质激励手段,也是一种最基本的激励方式。报酬激励通过增加教师报酬的方式满足教师的物质需求,从而刺激教师为实现学校的组织目标而努力工作。报酬激励的具体方法有很多,发奖金、提薪、改进福利水平、直接奖励等都属于报酬激励范畴。例如,沿海经济发达地区的一些学校就是用高额年薪、免费住宅或高额安家费的形式吸引了一大批优秀教师人才。不过,要使用报酬激励法,要综合考虑学校组织的支付能力、学校的发展战略、学校内部的岗位设置、学校组织内部利益的平衡,以及教师的资历、职务职称、完成工作的数量与质量等因素,制订合理完善的工作报酬制度。

(三)榜样激励法

榜样激励就是学校组织为教师树立正面积极的典范,促进教师的模仿学习，引导教师向组织目标所期望的方向发展。班杜拉的观察学习理论揭示了模仿学习无处不在，学校可组织选择思想进步、品德高尚、工作积极、业绩突出、享有威信的教师作为大家学习的榜样，可以通过光荣榜、先进事迹报告会、先进教师图片集或宣传册等形式。榜样的力量是无穷的，可以激发教师的上进心，激发其向先进学习的热情，激励教师找差距、迎头赶上。

（四）荣誉激励法

荣誉激励就是给优秀的教师以表彰、光荣称号和各种荣誉来满足教师的心理需求，达到激励的目的。每一位教师都有自尊心与荣誉感，这属于马斯洛的第四层次需要。结合这种心理需要，在教育实践中各级政府与教育组织部门对教师设立了众多的荣誉，如先进工作者、劳动模范、"十佳教师"、优秀教师、科研标兵、学科带头人等。荣誉激励成本低、效果很好。通常来说，拥有较丰富知识、需求层次较高的教师都非常重视各种荣誉，高明的管理者更不应漠视教师的荣誉感。

（五）参与激励法

所谓参与激励，是指让教师参与学习组织的各项工作，尤其是管理工作中，培养教师的主人翁意识，让教师献计献策，充分发挥教师的主动性与积极性。具体来说，参与激励法可以采用教师提案制、共同决策制、教代会、岗位责任制、目标管理制等形式，尤其要让教师参与学校组织的重大决策，培养教师的集体责任感，增强集体凝聚力，使教师自觉将个人利益与学校组织的集体利益联系起来，主动关心学校事务与发展。

（六）群体激励法

所谓群体激励，就是对某个群体进行整体激励，调动所有成员的积极性。学校组织是一个群体，下面还有许多小群体，可以通过群体间的评比，树立先进群体，奖励先进群体，给予其更多的自主权。学校不但要激发先进

第七章 高校外语教师专业能力提升与修炼途径之五：优化学校措施

群体成员的团结合作与进取精神，而且也可为其他群体树立榜样，营造比、学、赶、帮、超的良好氛围。例如，在各科室、教研室（组）、年级组之间开展竞赛，比成绩、比贡献。群体激励可通过加强群体成员的信息沟通来增强群体凝聚力，提高群体士气，从而提高合作效率，也可以利用教师间的非正式群体，为完成学校组织目标服务。

第八章 高校外语教师专业能力提升与修炼的促进机制：完善教师评价

教师评价是教育评价领域的一项重要组成部分，其与学生评价、学校评价、课程评价一样，与学校的办学质量、教师的专业发展有着密切的关系。百年大计，教育为本；教育大计，教师为本。很多院校深知教师评价的重要性，为开展教师评价绞尽脑汁。因此，本章就对高校外语教师专业能力评价的相关内容进行分析。

第一节　教师评价与高校外语教师专业能力提升

一、教师专业发展评价的概念

所谓教师专业发展评价，即在现代教育发展观视角下，通过改进评价手段，实现教师的专业化发展。在评价中，要做到彼此尊重，制订的专业发展目标要具有可行性。教师专业发展评价非常注重评价的过程，并且采取的评价手段也要求多元化。同时，教师专业发展评价还注重个体目标的实现，这样才能让广大教师获得恰当的评价结果。

一般来说，教师的评价主要包括教师自评和教师互评两种形式。这两种评价形式如果利用得当，都能取得不错的评价效果。在教学中，并没有一个统一的评价标准，也不存在一个万能的评价标准，要具体问题具体分析。例如，评价教师的备课情况时，要看其是否研究了教学内容和学生的具体情况，是否认真研究了教学目标、教学内容和教学方法，是否制订了合理的教学方案。而在评价教学组织情况时，就要看是否采用了适宜的教学手段与方法，如果教学手段和方法不当，则难以取得理想的教学效果。

二、教师专业发展评价的功能

（一）导向与激励功能

教师专业发展评价的开展与实施，是需要一定依据的，而这一依据就来源于教师个体发展具体化目标的达成程度。一般来说，如果顺利达成，那么评价效果就比较高，也正是因为如此，才赋予了教师专业发展评价一定的激励功能。

（二）鉴别和诊断功能

对于教师来说，专业发展评价具有考察、诊断和鉴别的重要功能。当前，国家对学校教育教学质量的关注程度非常高，就是希望广大的教师要切实抓好教学的各个环节，有效提升教师自身水平、能力，并且在此基础上大大提高教学效果。在这样的情形下，是必须要有一个科学、合理的标准来进行衡量的。

（三）反馈和指导功能

通过教师专业发展评价所得出的结果，能够反映出教师的教学效果，然后以此为依据，来对教师一切活动的进一步开展起到积极的指导作用。从心理学的角度上来说，要想实现理想的既定目标，就必须通过反馈信息来对自身的行为加以调节和调整。

（四）榜样与竞争功能

教师专业发展评价能够起到有效调动教师积极性的重要作用，这一点是毋庸置疑的。于教师而言，适时地、客观地评价教师的教学工作，有助于优秀教师的评选，这就形成了一个良性循环的榜样机制，对于教师的加速成长是有帮助的。

第二节 高校外语教师发展性评价的实施程序与具体方式

一、高校外语教师发展性评价的实施程序

（一）确定教师评价标准

在对教师专业发展进行评价时，首先需要确定标准。这一标准的建立应该尊重教师，可以通过问卷、座谈等形式，对教师的教学意见、工作情况加以征集，鼓励教师谈谈自己的看法，这样才能更好地制订教师评价标准。

（二）制订评价指标体系

评价指标体系是教师评价标准的具体体现。一般来说，主要分为三大指标（图8-1）。所谓评价指标体系，反映的是教师的评价标准，是一切评价指标的集合。

因此，在制订评价指标体系的时候，可以进行逐层分解，这样才能使评价指标体系更加精细。

（三）确定打分标准

教师评价标准主要包含两种：一种是绝对评价标准，一种是相对评价标准。前者是要求评价者直接给出分数，通过采用五分制或者百分制对其进行打分；后者是要求评价者在不同等级中做出选择，一般来说等级有五种：很好、较好、一般、不好、非常不好。为了便于操作，可以赋予相应分值。

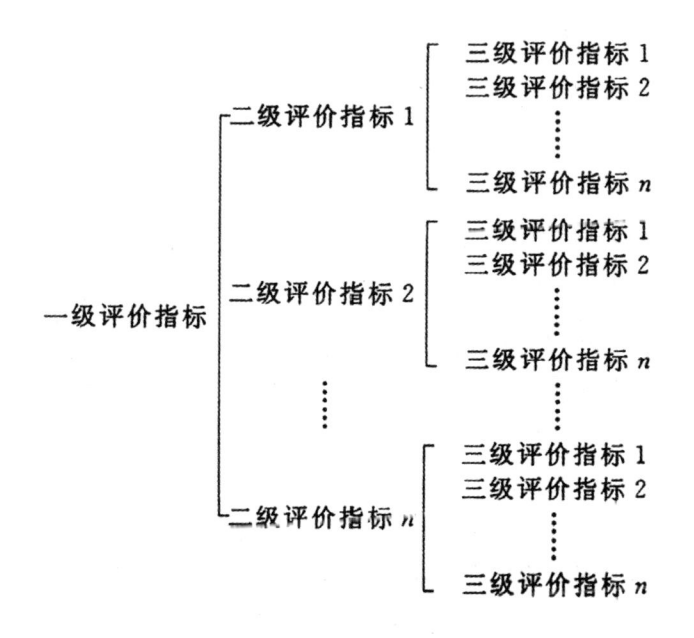

第八章　高校外语教师专业能力提升与修炼的促进机制：完善教师评价

图8-1　评价指标体系的结构关系

（资料来源：王斌华，2005）

（四）制作评价表

评价表应包括评价对象（执教教师）的姓名、评价者姓名、科目、时间、评价指标、打分标准、权重系数等内容。

二、教师发展性评价的具体方式

（一）实施发展性教师评价

依据一定的发展目标和价值观，主评与被评配对，制订双方认可的发展目标，由主评与被评共同承担实现发展目标的职责，运用面谈和发展性评价技术方法，对被评者的素质发展、工作职责和工作绩效进行价值判断，被评者在发展性教育评价活动中，不断认识自我、发展自我、完善自我，不断实现发展性目标。在实施发展性教师评价中，可以运用以下策略。

1.转变评价的思想观念

发展性外语教师评价制度的形成，需要一定的社会文化基础，如现代化的外语教师评价观念、教师合作文化、民主氛围等。只有学校领导转变思想观念，认识到发展性外语教师评价的重要意义，调动教育力量、协调各方面的关系，才能真正实现发展性外语教师评价在教师专业发展中的重要作用。

2.体现教师评价的学术标准

要实现这一要求，应该做到以下几点。第一，学校应该着力构建具有学术性的发展性教师评价制度。建立发展性评价制度，将发展性教师评价纳入制度建设的轨道；重视评价过程的民主化，强调学术自由，避免过多的约束。第二，建立科学有效的奖惩评价机制。发展性教师评价与奖惩性教师评价应该相互结合，更好地促进教师专业发展。第三，构建职责分明的评价体系。

3.建立适应性教师评价指标体系

教育教学活动的复杂性和评价参与者的复杂性，决定了教师评价标准指标体系的多层次、多维度和灵活性。为此，在对教师进行发展性评价时，要重视评价者与被评价者之间的对话，在协商的基础上达成一定的共识，重视评价指标的构建性意义，从而使评价的结果更具有客观性，使被评价者获得正确的反馈信息，实现自身的不断改进和完善。

4.重视教师评价理论的培训

对教师进行评价是一项专业性非常强的工作，它对评价的观念、知识、技术有较高的要求。为此，高校应该将对教育教学评价相关理论的普及和能力的培养，纳入教师培养方案中，建立针对不同评价主体的评价自治标准和要求。

5 提供必要的评价物质基础

高校发展性教师评价的制度、组织机构、规章制度、人才队伍、评价标准等的制定和实施,需要投入一定的时间和人力、物力,并且工作具有长期性。为保证评价工作的顺利进行,需要在教育教学经费划拨中纳入这一内容。

(二)对高校外语教师胜任力进行评价

胜任力是从西方发展而来的一个概念,即Competence。1973 年哈佛大学著名理学家戴维·麦克兰德(David C. McClelland)发表了题为《测量胜任力而非智力》的文章,对以往通过智力和能力倾向测试来选聘和甄选人员进行了批评。他指出采用传统的智力测验、能力测验和学校成绩及等级分数等手段,不能预测职业成功或生活中的其他重要成就,同时对某些特定群体存在不公平,应该用胜任特征测试来代替智力测验和能力测验。他认为:"胜任力包括三个方面:知识、能力和职业素养。知识是指员工为了顺利完成自己的工作所需要的东西,如专业知识、技术知识或商业知识等,它包括员工通过学习、以往经验所掌握的事实、信息和对事物的看法。能力是指员工为了实现工作目标,有效地利用自己掌握的知识而需要的能力,如手工操作能力、逻辑思维能力或社交能力。能力是可以通过重复性的培训或其他形式的体验来逐步建立的。职业素养是指组织对员工个人素养方面的要求。职业素养是可以被教授、被学习或被加强的。"胜任力与我们通常所说的"能力"不同,这个"能力"更多的指知识和技能,按照通常理解,"积极进取"不应该属于"能力"的范畴,但可能是胜任力的重要因素。

通过胜任力评价,能够全面了解到教师的胜任力因素、胜任力现状和胜任力发展潜质。通过评价反馈,能够发现和指出需要弥补和加强的胜任力要素,发现当前高校外语教师胜任力状况和组织胜任力要求之间的差距,从而找出影响或抑制个人胜任力充分发挥的关键环节,加强相关培训活动的针对性。为此,进行胜任力评价,对于培养和发展高校外语教师的胜任力具有重要作用。

胜任力要素与个人绩效正相关。要获得良好的业绩,需要具备一定的胜任力要素。为此，我们可以通过胜任力要素来预测教师的业绩状况。

1. 胜任力评价的作用

第一，确定教师的胜任力状态。通过对高校外语教师胜任力要素进行评价，对其未来工作业绩进行预期，从而实现人员甄选，实现人力资源的优化配置。

第二，确定对教师的培育和发展目标。运用评价获得的反馈信息，对被评人实际胜任力水平与工作所需胜任力水平进行比较，从而发现其中的不足或问题，采取有效措施有针对性地对其进行培养和提高。

第三，以评价结果为依据，对教师的评选、晋升职称等做出合理处理。由于教师工作的劳动成果带有长期性、滞后性，在教师团队合作中，难以辨别个人业绩与团队业绩之间的区别。对刚参加工作的教师来说，直接以工作成果来对其业绩进行评判有欠妥当。为此，可以通过评价知识工作者的胜任力，间接实现对其绩效评估。

2. 常见的胜任力评价方法

第一，基于结果的评价。这种传统的评价方法能够比较客观、公正地对评价对象进行评估，运用这一评价方法要满足两个条件：一是具有明显个体属性的工作，二是工作能够直接进行度量。

第二，纸笔测评法。这一评价方法能够判断高校外语教师学识水平（知识水平和能力水平）的差异。但这一方法偏重于理论知识，并不能对被测者的工作态度、品德、管理能力和表达能力进行全面的有效评价，难以检验教师的教学实践能力。因此，这类测验并不一定能够确定教学人员的能力水平。

第三，复杂的评价中心方法（情景模拟的方法）。让被评价者处于一个模拟的工作情境中，采用一定的技术和手段，评价被试者的心理和行为，包括无领导小组讨论、演讲、自由辩论赛等。

第四，行为评价法。这种方法适合工作难以在短时期内表现出来和具有隐性特征的工作。胜任力与行为、业绩存在着一定的内在关系，通过胜任力评价可以实现行为评价，了解有关有效工作业绩的胜任力行为，并对比具体工作要求中的行为，得出各胜任力要素评价。在此基础上，根据胜任力要素之间的关系，对工作中表现出的整体胜任力进行判断。

现阶段，我国高校实行的是传统的基于结果的评价。通过对教师近些年的工作业绩和思想政治觉悟水平进行考核，进行评职称、评博导硕导、评学科带头人、评政府津贴及年度考核等。

这种评价方法存在着以下缺陷：一是高校教师的教学和科研工作具有较强的复杂性，工作成果和质量不易外显；二是比较容易造成教师为实现短期目标，而出现急功近利、只顾眼前利益的局面；三是高校教师处于某个科研或教学工作团队之中，难以将个人业绩和团体组织业绩区分开。

从整体上来讲，基于行为的胜任力评价，能够有效、全面地对教师的胜任力进行评价，能够进一步为胜任力培育机制建设提供正确导向。

3.对不同评价源进行的分析

评价人对被评人的评价，是主体依据一定的参考标准对客体做出的主观判断。评价人收集的有关被评人信息情况、评价人自身的主观思维认知水平、信息加工能力，对评价结果有很大的影响。传统单纯的上级评价模式难以做出客观、公正、科学的评价。在此背景下，提出了360度绩效反馈的评价思路，由与被评价者工作有密切联系的人对被评价者进行评价，将他评与自评结果进行对比，使被评价者获得反馈信息，并做出相应改进和调整。

对同一个体进行胜任力评价，不同评价源之间评价结果的相关度很低。因此，分析教师评价源特征具有一定的必要性。

第一，上级评价。上级领导对员工的胜任力评价体现了其重要管理职能，上级可以据此对员工进行指导、控制和激励，以有利于组织员工共同完成学校的教育任务。考评者上级的利益一般不直接同员工考评结果相连，因此评价较公正和客观。但是，上级出于某种目的或晕轮效应、宽厚性错误等，会对评价效度造成一定的影响。

第二，自我评价。在这种评价中，评价者更加了解自身工作能力、行为和业绩，因此可能做出较准确评价。评价人能够积极接受自我考核结果，从而可以根据评价结果制订合适的发展计划。根据归因理论、自我提升理论以及社会比较理论，这一评价方法存在着过高的"宽厚性错误"，因此适用于发展非行政目的胜任力评价。

第三，同事评价。处于相同工作环境下的教师同事，能够较客观地将个人不可控因素剔除于个人业绩评价之外，从而做出客观的胜任力评价。但是这一评价方法会在不自觉中形成竞争机制，因此评价主体的参与积极性一般不高，且教师之间人际关系的好坏，对评价结果有较为显著的影响。

第四，学生评价。学生与教师接触比较密切，而且二者处在不对等的位置。所以，学生可以对其与人格特性、教学工作相关的胜任力要素进行客观的评价。但是学生评价要注意方法和技巧，注意信息是否有效，因为有时学生会存在讨好心理或报复心理，造成评价结果的失真。

三、借鉴卡氏三维评价法，构建外语教师发展性评价体系

好的评价体系应该向教师提出职业和个人发展的建议，即帮助教师诊断问题从而改进教学，帮助教师将个体发展和业绩目标协调起来。因此，对于教学评价对象的测量表，应当从不同角度客观地反映出教学的全貌。

（一）卡氏三维评价法特点

美国Myrna Delson-Karan提出的卡氏三维评价法，主张从听课者、教师本人、学生三个渠道进行评价而后汇总于教师本人。听课者主要为视导员、学校的教学管理人员与其他听课人员。Myrna Delson-Karan设计了第二语言教学工作的评价项目及其方法，其中视导员对教师的评价表供校方和教师评价，教师自我评价表由教师本人掌管，学生反应问卷亦留供教师参考。这三份评价表内容综合全面，除了对教师能力、品质和教学原则的综合运用等方面与其他学科有共性的评价以外，还有明确针对外语教学的评价指标，能较充分地体现外语教学的特点。

第八章 高校外语教师专业能力提升与修炼的促进机制：完善教师评价

以下仅将这三份表中最具特色的项目择要略举一二，供大家探讨，以期广大同仁提出更具代表性、更具时代特征、更深刻的评价内容，使发展性评价为外语教师的专业发展和教学水平的提高提供具有实际意义的指导和参照依据。

1.视导员评价表（留供校方和教师评价）

评价内容包括七个主要项目：科目知识；教学成效；教案和技巧；外国文化的呈现；教室管理；心理因素；个人性格和专业态度。各主项目下又包括若干分项。评分标准分为以下六项：优秀、很好、好、尚可、"—"需改进、"+"有改进。此外，还设有"综合评论、补充评论和建议"。其中科目知识和外国文化的呈现最具外语教学特色和指导意义。

科目知识的主要内容有：（1）发音的准确；（2）掌握目的语说和写的情况；（3）了解目的语言国的社会习俗、当今生活、史地知识、文艺和音乐；（4）语言学的知识及语言习得本质的知识；（5）能用目的语编制恰当而正确的口、笔头练习。外国文化呈现的主要内容有：（1）强调对异国文化抱开明和容忍的态度；（2）利用外国文化的具体事物和参考资料来丰富教学；（3）使学生明白目的语文化准则的差异;（4）将目的语的文化方面内容编入课文。

2.教师自评表部分主要内容（教师本人掌管）

（1）测量学生参与教学和语言使用情况

第一部分由视导员、主任或同事依据课堂教学录像或录音在记录表上填写学生参加教学的程度，教师和学生发言的比例，以及本族语和目的语的使用比例，一学期两次，以便进行分析。

（2）教师自查

第二部分为教师自查表（均以"是""否"做答），由教师每周填写一次，对教学进行自我跟踪与反思。该部分的主要内容有20多项，均以"是""否"作答，摘要如下：

（1）你不断成功地激发学生的学习动机吗？

（2）你把教材与学生的生活联系起来了吗？

（3）你是否用文化材料来丰富课堂教学？

（4）你大多谈目的语知识还是讲目的语？
（5）你准备了一次用目的语即兴发言的活动吗？
（6）学生感到课后能用目的语完成新任务吗？
（7）如果你是本班学生，你会喜欢这节课吗？最末一项要求详细叙述本周课的优点和需要改进的地方。

3.学生问卷部分的主要内容（留供教师参考）
（1）问卷设计
可以设计成问卷方式，评分标准分为4档，前两部分意为：优、良、中、差。第三部分为：大有进步、有进步、无变化、退步。
（2）问卷项目
其包括四部分内容：（1）教师的能力和品质；（2）班级参与教学情况、师生关系；（3）学生的学习结果；（4）我对老师的评价（即表中最后四项文字表达部分）。该评价表中特别值得注意的是第三部分的问卷内容：（1）我听懂目的语言的能力；（2）我用目的语言表达思想的能力；（3）我用目的语言阅读的能力；（4）我理解目的语言国文化和生活方式的能力；（5）我用目的语言发言的能力；（6）我喜欢目的语言的程度；（7）我理解目的语言语法的程度。

（二）吸取卡氏评价法的精华，把握外语教师发展性评价实质

卡氏三维评价法至少可以给我们三方面的启示：
（1）卡氏三维评价体系与我们常见的学生、校方、系领导三方面评价体系的根本区别在于其对于评价的理念，这种评价的目的是着眼于发展性而非奖惩性的，是包括教师在内并以教师为主导的评价。因此在做法上主要是给教师本人提供反馈信息，用于扬长避短、改进教学。这种评价体系的总体设计是周到的、动态的，是以教师发展为本、以改进教学为目标的，适合于发展性评价的特点。与那种不与被评者见面的、仅有"较好、一般、较差"三种标准的奖惩性评价表形成鲜明对照。
（2）语言是文化的载体，是社会发展的产物，它不是词汇、句型孤立不

第八章 高校外语教师专业能力提升与修炼的促进机制：完善教师评价

变模式的简单组合，它与目的语国家的社会、文化有着密不可分的必然联系。因此，语言学习也应当既重视语言本身的规律，又注重了解语言产生及应用的文化社会背景，才能正确运用它。语言又是人们交流思想的工具，具有极强的实践性，因此除了掌握书面语之外，还应当具备较强的口头交际能力。语言本身所具有的文化性、社会性、语用性、交际性等特性也是外语教学应体现的特点。卡氏的三维评价表对于这些特点提出了极有针对性的标准。

（3）教学是双边活动，需要双方协作互动，所以学生问卷表了解学生对教与学双方的反应，有助于学生从主客观两方面去思考、分析问题，更客观地评价教师的教学活动。这样的评价表不仅引导教师进行深入的反思与不断改进，同时也指导学生学会如何评价语言教学，如何掌握语言学习的方法，在评价教师的同时，也评价自己。

现代教育学认为现代教育评价具有以下特点：现代评价同教育目的与指导目标有着密不可分的关系；现代评价是综合的、连续的、富有灵活性的；现代评价必须是诊断性、分析性的；现代评价也要使评价成为学生自己的事情；现代评价要求睿智地解释结果。这些正是教师发展性评价体系所应具备的特点。卡氏三维评价法也体现了这些特点，为我们构建一套适合外语教师的教学评价体系提供了启发性的思路，可以作为一种有益的借鉴。当然，还需要我们去改进、去完善，我们可增加符合中国特色的，改进中国传统教学中不适应现代外语教育的内容，如课堂教学是否以学生为中心；教师是否注重培养学生发展自我价值；教师为激励学生参与教学活动所做的努力；教师能否对母语和目的语的语言知识异同做出清楚的解释；教师是否对母语和目的语国家的文化异同加以比较等。

第三节　信息化时代高校外语教师评价的创新手段——电子档案袋

一、教师电子档案袋的概念

教师电子档案袋综合评价法是以网络为载体，依托计算机技术与网络平台，通过使用多媒体技术展示教师的个人专业发展状况，并通过教师在制作电子档案袋过程中对自己的教科研实践与专业发展进行反思与分析，实现教师主动参与、自我反思、自主发展的综合评价方法。

二、教师电子档案袋的实施模块

以网络为载体的电子档案袋综合评价法能够记录高校外语教师学习共同体的发展轨迹，是教师进行反思的重要方法和途径，能够推进教师进行自我激励，不断促进专业能力和专业意识的提升，同时为教师共同体的构建提供一个更为开放的平台。通过设置内容模块、制订电子档案袋的操作流程与创建教师学习共同体电子档案袋评价的网络平台，实施教师电子档案袋综合评价。教师学习共同体电子档案袋评价平台主要包括表8-1中的内容模块。

表8-1　教师学习共同体电子档案袋综合评价网络平台的内容模块

内容模块	具体信息
个人基本信息	姓名、性别、年龄、民族、职称、教育背景、工作经历、研究方向等
个人学习情况	学习计划与总结、学习资源、研修或培训经历、读书笔记等

第八章 高校外语教师专业能力提升与修炼的促进机制：完善教师评价

续表

内容模块	具体信息
教学文档材料	教案、课件、教学日志、教学视频、教学计划与总结、学生作业与成果、学生试卷与评价材料等
教科研业绩	在教科研上所获得的奖励、荣誉、成果等
教科研材料	教科研项目申报与结项材料、教研成果（著作、论文、研究报告等）、相关研究文献资料等
各种评价信息	教师自我评价信息、学生网上评价信息、同行评价信息、专家评价信息等
个人反思	基于网络日志对课堂教学与教科研活动的认识与反思
总的反思与评价	对制作电子档案袋与教师专业发展整个过程的反思与评价

（资料来源：李玉升，2015）

参考文献

[1] [美]Guskey Thomas R．教师专业发展评价[M]．方乐，张英，译.北京：中国轻工业出版社，2005.

[2] [美]布鲁克菲尔德．批判反思型教师ABC[M]．张伟，译.北京：中国轻工业出版社，2002.

[3]《中小学教师培训教程》编委会．中小学教师培训教程[M]．北京：中国档案出版社，2006.

[4]陈仕清．英语教师专业发展新路径[M]．南宁：广西教育出版社，2012.

[5]陈霞．教师专业发展的实效性研究[M]．北京：北京大学出版社，2012.

[6]陈燕．大学英语教师专业发展新视角[M]．北京：中国政法大学出版社，2014.

[7]陈永明，朱浩，李星辉．大学理念、组织与人事[M]．北京：中国人民大学出版社，2007.

[8]崔燕宁．大学英语自主学习理论与实践研究[M]．成都：西南财经大学出版社，2013.

[9]傅金兰，安洪涛．信息时代教师专业成长与生命完善[M]．济南：山东大学出版社，2009.

[10]盖颖颖．外语教师团队建构研究：基于专业学习共同体视角[M]．北京：中国经济出版社，2016.

[11]李雁冰．课程评价论[M]．上海：上海教育出版社，2002.

[12]林瑞钦．师范生任教职志之理论与实证研究[M]．高雄：复文图书出版社，1990.

[13]刘熠．叙事视角下的大学公共英语教师职业认同建构研究[M]．北京：外语教学与研究出版社，2011.

[14]鲁子问. 英语教学论（第2版）[M]. 上海：华东师范大学出版社，2009.

[15]孟丽华，武书敬. 网络环境下大学英语教师专业素质发展研究[M]. 北京：外语教学与研究出版社，2015.

[16]庞维国. 自主学习：学与教的原理和策略[M]. 上海：华东师范大学出版社，2003.

[17]曲宗湖. 体育教师的素质与基本功[M]. 北京：人民出版社，2002.

[18]申继亮，辛涛. 教师素质论纲[M]. 北京：华艺出版社，1999.

[19]王斌华. 教师评价：绩效管理与专业发展[M]. 上海：上海教育出版社，2005.

[20]王坦. 合作学习的理念与实施[M]. 北京：中国人事出版社，2002.

[21]魏会延. 教师学习共同体：促进教师专业发展的新途径[M]. 武汉：武汉大学出版社，2014.

[22]吴康宁. 教育社会学[M]. 北京：人民教育出版社，1998.

[23]谢职安. 高校英语教师专业发展研究[M]. 北京：知识产权出版社，2014.

[24]徐文峰. 教师专业发展实践导论[M]. 北京：人民日报出版社，2014.

[25]严明. 大学英语自主学习能力培养教程[M]. 哈尔滨：黑龙江大学出版社，2009.

[26]严明. 大学英语自主学习能力培养模式研究：体验的视角[M]. 哈尔滨：黑龙江大学出版社，2009.

[27]张鑫. 英语教学的理论与实践[M]. 北京：知识产权出版社，2012.

[28]赵健. 学习共同体的建构[M]. 上海：上海教育出版社，2008.

[29]赵顺来，车锦华. 体育教师学[M]. 北京：中国科学文化出版社，2003.

[30]郑茗元，汪莹. 网络环境与大学英语课程的整合化教学模式概论[M]. 北京：中国水利水电出版社，2015.

[31]朱峰，宁雷. 21世纪教师[M]. 沈阳：东北大学出版社，2009.

[32]朱旭东. 教师专业发展理论研究[M]. 北京：北京师范大学出版社，2011.

[33]李正栓，郝惠珍. 中国语境下英语教师教育与发展研究[M]. 保定：河

北大学出版社，2009.

[34]范晓姝.信息技术环境下的高校教师专业发展研究[D].兰州：西北师范大学，2007.

[35]侯凤梅.中小学教师专业发展评价探究[D].曲阜：曲阜师范大学，2007.

[36]杨波.美国中小学教师专业发展评价初探——兼谈对我国中小学教师专业发展评价的启示[D].长春：东北师范大学，2006.

[37]周慧.骨干教师培训评估的研究[D].北京：北京师范大学，2007.

[38]陈萍.浅谈反思性教学对高职高专英语语法教学的影响[J].陕西教育，2008（11）.

[39]陈雪菁，曹清清，宇振盛.以教师专业发展为导向的高校教师教学评价模式研究[J].改革与开放，2017（19）.

[40]崔雨.高校教师年度考核的几点思考[J].中国高校师资研究，2005（3）.

[41]范琳，李梦莉，史红薇，梁俊君.高校英语教师自我概念、教学效能感与职业倦怠现状及关系研究[J].外语教学理论与实践，2017（1）.

[42]范维.反思性教学:高校英语教师专业发展的有效途径[J].品牌研究，2018（3）.

[43]郭书法，夏娟，张海燕.高校教师专业发展的有效路径：专业学习共同体[J].宁夏社会科学，2014（1）.

[44]何斌.从教师"进"与"出"谈我国高校教师聘任制度改革[J].教育发展研究，2005（7）.

[45]侯凤梅，殷红花.教师专业发展评价的内涵解析[J].扬州教育学院学报，2011（3）.

[46]纪宝成.以改革精神把教师聘任制完善和实施好[J].中国高等教育，2005（7）.

[47]赖恒静.我国外语教师教育与发展研究现状及问题[J].教育与教学研究，2009（5）.

[48]李长吉，张雅君.教师的教学反思[J].课程·教材·教法，2006（2）.

[49]李静，陈亮.校本培训——高校公共英语课教师专业发展的有效途

径[J]. 教育探索，2011（2）.

[50]李彦花,陈二伟. 浅析教学日志[J]. 教学与管理，2003（4）.

[51]李焱焱,等. 产学研合作模式分类及其选择思路[J]. 科技进步与对策，2004（10）.

[52]李玉升. 网络环境下大学英语教师专业素质发展的评价体系构建研究[J]. 中国教育信息化，2015（18）.

[53]梁悦,李莹. 论高职高专院校英语教师发展的模式与路径[J]. 韶关学院学报，2011（11）.

[54]卢强. 学习共同体内涵重审：课程教学的视域[J]. 远程教育杂志，2013（3）.

[55]潘洪建."学习共同体"相关概念辨析[J]. 教育科学研究，2013（8）.

[56]钱旭升,靳玉乐. 教师个体专业发展与教师群体专业发展[J]. 教育科学，2007（8）.

[57]邱江. 高校教师聘任制改革对策研究[J]. 高等农业教育，2006（11）.

[58]石新华. 21世纪我国高校英语教师专业发展现状及思考[J]. 现代经济信息，2017（23）.

[59]王威威. 网络环境下高校英语教师专业素质发展研究[J]. 教育探索，2016（6）.

[60]王晓芳. 基于行动研究的英语教师课堂教学策略探析[J]. 教育观察，2018（5）.

[61]王艳. 浅谈高校教师聘任制度[J]. 黑龙江教育学院学报，2008（10）.

[62]王雁苓. 教学反思日志的撰写[J]. 现代中小学教育，2005（11）.

[63]王章豹,祝义才. 产学合作：模式、走势、问题与对策[J]. 科技进步与对策，2000（9）.

[64]吴莉湘,饶慧祺,林秋雪. 教师专业发展视野下中职中专英语教师校本培训[J]. 科教导刊，2015（4）.

[65]夏纪梅. 大学英语教师的外语教育观念、知识、能力、科研现状与进修情况调查结果报告[J]. 外语界，2002（5）.

[66]夏纪梅. 教材、学材、用材、研材——教师专业发展的宝贵资源[J]. 外语界，2008（1）.

[67]肖自明. 论反思性教学与教师专业成长[J]. 西安建筑科技大学学报, 2002（3）.

[68]熊川武. 谈反思性教学的理论与实践[J]. 上海教育科研, 2002（6）.

[69]叶鉴铭, 周小海. 试论"校企共同体"的共同因素及其特征[J]. 学术交流, 2010（3）.

[70]叶澜. 新世纪教师专业素养初探[J]. 教育研究与实验, 1998（1）.

[71]曾荣光. 教学专业与教师专业化：一个社会学的阐释[J]. 香港中文大学教育学报, l984（1）.

[72]翟丽华, 赵伟涛. 课堂观察与教师专业发展[J]. 河南教育（基教版）, 2016（5）.

[73]张祥明. 对教师专业发展评价的重新审视[J]. 教育评论, 2002（1）.

[74]Alderman, M. Goals and Goal Setting[A]. Motivation for Achievement[C]. M. K. Alderman. Lawrence: Lawrence Erlbaum Associates Inc., 1999（a）.

[75]Bason, P. Self-access for self-directed learning[J]. Hong Kong Papers in Linguistics and Language Teaching, 1992（15）.

[76]Leslie W. Crawford. Language and Literacy Learning in Multicultural Classrooms[M]. Boston: Allyn and Bacon, 1993.

[77]Littlewood, William. An Autonomy and a Framework [J]. System, 1996（4）.

[78]Nevo, D. The Conceptualization of Educational Evaluation: An analytical Review of the Literature[M]. New York: Review of Educational Research, 1983.

[79]Richards, Jack C. & Lockhart, Charles. Reflective Teaching in Second Language Classroom[M]. New York: CUP, 1994.

[80]Zimmerman, B. J. & Risemberg, E. Investigating self-regulatory processes and perceptions of self-efficacy in writing by college students[A]. Perspectives on Student Motivation, Cognitive, and Learning[C]. P. R. Pintrich, D. R. Brown & C. E. Weinstein. Hillsdale NJ: Erlbaum, 1995.